商道启蒙

刘幸福◎著

中国财富出版社

图书在版编目（CIP）数据

商道启蒙／刘幸福著．—北京：中国财富出版社，2018.9

ISBN 978－7－5047－6760－8

Ⅰ.①商…　Ⅱ.①刘…　Ⅲ.①商业经营—通俗读物　Ⅳ.①F713－49

中国版本图书馆 CIP 数据核字（2018）第 216181 号

策划编辑　王桂敏　　**责任编辑**　齐惠民　刘静雯

责任印制　梁　凡　郭紫楠　　**责任校对**　刘瑞彩　　**责任发行**　董　倩

出版发行　中国财富出版社

社　　址　北京市丰台区南四环西路 188 号 5 区 20 楼　　**邮政编码**　100070

电　　话　010－52227588 转 2098（发行部）　010－52227588 转 321（总编室）

010－52227588 转 100（读者服务部）　010－52227588 转 305（质检部）

网　　址　http://www.cfpress.com.cn

经　　销　新华书店

印　　刷　北京九州迅驰传媒文化有限公司

书　　号　ISBN 978－7－5047－6760－8/F·2938

开　　本　710mm×1000mm　1/16　　**版　　次**　2019 年 9 月第 1 版

印　　张　12.75　　**印　　次**　2019 年 9 月第 1 次印刷

字　　数　183 千字　　**定　　价**　48.00 元

商　经

碧　子

道可道，非常道。

商可商，非常商。

不知商道真面目，只缘身在此商中。

故不商而商亦为大商，心中无商万千皆放可为商佛。

商道无德，商德无理，商理无术，商术无行。

无道生德，无德生理，无理生念，无经生营。

天道人性，地德人心。

中道自然，合理合情。

道行于心，术行于行。

合理而衡，和谐而成。

天之道，利而不害。

商之道，商而不争。

商行交易，商德交心。

商道即人道，商性即人性，商心即人心。

诚以待人，信以取人，功以归人，奖以励人，

宽以容人，情以动人，理以服人，法以制人。

山不厌高，水不厌深。

商公吐哺，天下归心。

乾之初九，格致诚正。

修身以墨，钜时齐家。

儒以治国，道平天下。

乾之用九，禅伴花甲。

前　言

俗话说："借钱不借道。"很多经营之道和生财之道秘不外传的原因正在于此。当今社会也一样，很多企业仍然有自己秘不外传的东西，用现代话说是商业秘密、专利和知识产权等。

本书写的不是商业秘密也不是古今中外的生财之道，而是哲学意义上的"道"。"道"字的最初意义是道路，后来引申为做事的途径、方法和原则等。老子在《道德经》开篇就说："道可道，非常道；名可名，非常名。无名天地之始，有名万物之母。"这里的商道是指商业活动的规律和商业的本源。本书着重告诉人们如何透过现象看本质，了解商业的真正内涵，使人们掌握规律，并利用规律进行商业活动。本书从"道"的深度剖析经营的内涵与实质，力求从事物发展变化规律中寻求经商之道。希望本书能对广大商业经营者和经济专业的学生有所启发。

目　录

上篇　启蒙

中篇　商道

下篇　升华

上篇　启蒙

商　道　启　蒙

第一章
商业的产生与发展

第一节 商业的产生

商业是社会分工、私有制和交换的伴生品，因此，商业的产生与生产的社会分工、私有制和交换有直接的联系。现代商业是指通过从事商品交换活动或提供服务来获得利益的行业，现代商业的产生经历了一个漫长的过程。

一、生产与交换

（一）生产对交换的决定作用

1. 生产的社会分工是商品交换产生和发展的必要条件

由于社会分工，每个生产者生产的单一性和需要的多样性之间形成了矛盾，由此才出现了各个生产者之间相互交换产品的必要性。并且，分工越细，交换越频繁，交换的数量也越多。如果没有分工，也就没有交换。生产的发展产生了分工，分工的结果又产生了交换，因此，是生产的社会分工为交换提供了必要条件。

2. 生产力发展水平决定了交换的方式、方法

在人类历史上，由产品交换发展到商品交换，商品交换又由简单商品交换发展到简单商品流通，进而发展到发达的商品流通，这些都是随着生产力水平的发展而发展的。现代生产力的发展达到了前所未有的水平，交换的方式方法趋于多样化和现代化，电子商务和无人超市则代表了现代社会最先进的交换方法和方式。

3. 生产力发展的规模和结构决定了交换的深度和广度

所谓交换的深度，是指社会经济生活对交换的依赖程度。一般来说，生产力越发展，社会分工越复杂和细密，需要交换的商品品种、数量就越多，社会经济生活就越离不开交换。所谓交换的广度，是指交换的范围。在一定生产力水平下，交换的范围也是一定的，生产力越发展，交换的范围就越广。现代社会几乎没有人能离开交换，交换的广度和深度都得到了空前的发展。

（二）交换对生产具有反作用，并在一定条件下对生产的发展起决定作用

1. 交换是实现社会再生产的条件

社会再生产过程，表现为生产过程和流通过程的统一。为了进行生产，生产企业必须购入相应的生产资料和雇用一定的劳动力，这种表现为购入的交换行为，使得货币转化为商品，实际上成了生产的前提条件。在生产过程完成以后，生产者生产的商品能否销售出去，即商品的价值能否实现，对生产者来说是至关重要的。一旦商品销售不出去，商品的价值不能实现，进而就会造成再生产过程的中断和企业的破产。可见，如果没有生产资料的购入和劳动力的雇用，生产则无法开始；如果没有通过售卖实现商品价值，再生产过程也会就此中止，交换就是这样制约着生产。

2. 交换的规模和速度直接影响社会生产的发展

生产是交换的物质基础，交换的发展又是进一步扩大生产的重要条件。当交换的范围扩大，市场容量增大，特别是当新市场被开拓时，生产

就会受流通的刺激迅速扩张。流通时间是社会再生产总时间的组成部分，它的多少决定着流通速度的快慢，又直接影响着生产时间的多少和社会再生产速度的快慢。

交换的规模越大，交换速度越快，对社会生产发展的促进作用也越大；反之，则会制约社会生产的发展。

3. 交换对一定的生产关系的形成有着重大影响

一定的生产关系决定着一定的交换关系，交换关系是生产关系的一个重要组成部分。但是，交换的发展又对整个社会的生产关系有着重大的影响。例如，在原始社会末期，商品交换的发展促进了原始公有制的瓦解和私有制的形成；在封建社会末期，商品交换的发展，对加速封建主义生产关系的瓦解和促进资本主义生产关系的形成与发展也起着重要的作用。

4. 在一定条件下，交换对生产的发展起决定性作用

在一般条件下，生产对交换具有决定性的作用，表现为先有生产出的产品才会有产品交换，但在一定条件下主次双方是相互转化的，即有时交换具有决定性的作用。例如，当生产缺乏必要的生产资料而造成中断时，供应生产资料的交换就成为发展生产的关键；当产品无销路导致生产停滞时，开拓市场、打开销路就对生产的持续发展起着决定性作用。

二、私有与分工和交换的关系

（一）母系氏族时期的分工

人类历史上最初的分工存在于两性之间，根据生理特征等因素进行自然分工，男子作战、打猎，女子则负责采摘野果。因为打猎偶然性较大，每天能打到多少猎物不固定，也有可能一天什么都没打到，而采摘野果相对稳定一些。所以，当时的食物主要是靠女性来获取，女性是当时原始部落里的顶梁柱，在生活中起主导作用，这也许是母系氏族形成的原因之一。母系氏族时期，部落财产归氏族成员共同所有，劳动所得内部直接分配，男性和女性分别是其所制作和使用的工具的所有者。但这并不是私有制，仅仅是个人占有自己劳动工具的现象。

（二）第一次大分工时期的分工交换关系和私有制

人类在早期征服自然的过程中，有些部落学会了驯养动物以取得乳、肉等生活资料。随着较大规模畜群的形成，这些部落就主要从事畜牧业，成为游牧部落。游牧部落生产的生活资料不同于其他部落，而且数量较多，从而促进了交换的发展，使经常性的交换成为可能。放牧一群牲畜，只需要少数人，于是，个体劳动代替了共同劳动，相应地出现了私有制，家庭也随之发生了变化。男子从事的畜牧业成为谋生的主要手段，男子在家庭中取得了主导地位。后来，农业和手工业也有所发展，谷物成为人类的食物，出现了织布机和青铜器，人们开始掌握矿石冶炼和金属加工技术。部门生产的增加，使人的劳动力能够生产出超过劳动力所必需的产品。于是战俘不再被杀掉，而被吸收为劳动力，成为奴隶。这样就零散地出现了奴隶制。第一次社会大分工的结果导致了第一次社会大分裂，社会分裂为两个阶级：主人和奴隶，即剥削者和被剥削者。

对于第一次社会大分工，目前还存在一些争议，最初大家都将畜牧业从其他野蛮民族中分离出来的过程称为第一次社会大分工，后来又有人将农业从其他民族中分离出来的过程称为第一次社会大分工。笔者认为畜牧业和农业的分离过程是社会第一次大分工①，手工业从农业和畜牧业分离

① 因为人类是杂食性动物，既吃植物，也吃动物，那么人类最初很有可能是靠打猎和采摘野果维持生命，至于先出现农业（种植业）还是先出现畜牧业并不重要，重要的是农业和畜牧业分开才算是社会大分工。

出来的过程为第二次社会大分工，而商人阶层的出现标志着第三次社会大分工的产生。

（三）第二次社会大分工时期的分工交换关系和私有制

由于铁器的发明和普遍使用，生产工具得到改进，建筑业、纺织业、金属加工业等都得到了相应的发展。生产的多样化使得工作不能再由同一个人来进行，于是产生了第二次社会大分工——农业和手工业的分离。生产分为农业和手工业两大部门，单纯只从事一个部门的生产已经无法满足人们的生活需要，交换成为必然，以交换为目的的生产诞生，即商品生产。贸易也随之出现了更多的形式，如部落内贸易、边境贸易等。由于劳动生产率的提高，单个人的劳动价值不断增加，对奴隶的剥削变得越来越严重，奴隶生产了社会上的大部分财富，但本身却穷困至极，没有任何权利。奴隶制度作为一种占有他人劳动的手段，成为社会制度的一个根本组成部分。

（四）第三次社会大分工时期的分工交换关系和私有制

第三次社会大分工是指奴隶社会晚期商人阶层的产生。产品交换很早就发生了，至少不晚于第一次社会大分工的出现。但是只有在两次社会大分工之后，交换才得到了长足的发展。交换的不断发展和扩大，使商品生产出现并发展，商品生产又反过来促进了交换的进一步发展。交换规模扩大，品种增多，各生产者和消费者之间直接的产品交换越来越不便利，于是出现了从事交换的中间人。由于商品交换的发展，不间断的交换活动使得从事交换的中间人脱离生产而以交换活动为谋生手段成为可能。于是出现了一个不从事生产只从事交换的商人阶层。他们作为生产者与消费者之间的中间人，专门从事交换活动，这就是第三次社会大分工。第三次社会大分工首先在商品交换最为发达的地区出现。

商人的出现和商业的产生解决了生产者与消费者对接的问题，商人在满足人们互通有无的需求方面做出了不可磨灭的贡献。

商人阶层的出现和商业的繁荣促进了城镇和都市的建设和繁荣，发达的城市工商业经济是文化繁荣的物质基础。作为政治或军事机构的所在地，城市为文化的发展与交流营造了相对安定的社会环境。

三、货币的出现

最初的商品交换是一种以物易物的过程，交易双方在各自的消费特点上均受到时间和空间的限制，而且带有很强的随意性和偶然性，参加交换的人很难找到相互需要对方商品的人，即使找到了，也常因数量需求上的差异而难以成交。随着商品交换在规模上、数量上、频率上和地域上的发展，人们越来越感到以物易物十分浪费时间和精力，于是出现了固定充当一般等价物的货币。

早期的货币，既是商品，也拥有购买手段和储藏的职能，贝壳就是如此。货币作为价值尺度来衡量商品的价值，使各种不同品种、不同质量、不同大小的商品都能通过货币进行等价交换，使市场上从事商品交换的人不再为买卖的时空限制而感到苦恼。在市场上没有自己所需商品或售卖产品数量与自己所需的数量不一致时，就可先卖掉自己的商品，获取一般等价物（货币），以便随时用来购买自己所需的商品。货币的产生把买卖一次性完成的商品交换活动分割为两个独立的活动。

随着商品经济的发展，货币也在不断地发生变化，从最初的实物货币到纸币，再到如今的电子货币。而货币的出现和发展也促进了商业的繁荣，特别是电子货币的出现，不但促进了商业发展，还使网络交易得以发展，同时也为人们的生活提供了更多的便利。因此，货币的出现是商业发展的产物，同时也大大地促进了商业的进一步发展。

四、小结

本节主要阐述了商业出现的规律，要说明的是如果没有社会大分工，人们都是自给自足，则不需要交换；如果没有私有制，全部生活资料都是集体所有，便不会产生大量的交换，最多是部落间少量的交换。所以，没有私有制和社会分工就不会出现交换，而没有交换就不会产生商业。随着社会的进步，分工会越来越细，如果私有制一直延续下去，交换就会越来越频繁，商业也会越来越发达。无论是奴隶社会、封建社会、资本主义社会还是社会主义社会，只要存在私有制和交换，商业就有生存的空间。

第二节 中国商业发展简介

一、我国商业的起源（夏代及夏之前的远古时期）

原始社会，人们共同对抗自然，因此生产力有限，未能形成分工。不断改进的劳动工具促进了生产力的发展，生产物过盛衍生了原始的交换。这些交换先是偶然性的，渐渐变得频繁而刻意。《易·系辞下》曰：“庖牺氏没，神农氏作……日中为市，致天下之民，聚天下之货，交易而退，各得其所……”市场的出现，说明交换已经是经常、普遍性行为了。即便这样，神农氏时代还不能算是有商业，只能算是有商业萌芽。因为那时生产者之间进行的是物与物的直接交换，没有一般等价物充当交换的媒介，也不是以牟利为目的。到父系氏族社会，从古代典籍记载看，交换关系已达到相当高的水平，性质也在变化。《大戴礼记·五帝德》中记载孔子说黄帝“设五量”。这就是说，黄帝时代创造了度、量、衡、亩和数，这些计量方式保证了交换的公平与合理。所以，孔子评价它起到了“抚万民、度四方”的作用。《淮南子·览冥训》记载，“黄帝治天下……道不拾遗，市不豫贾”。意思是说，黄帝时代，在市场上交易，商人不要有欺诈的行为。《尸子》中提到，尧时“宫中三市”，即在尧所居住的邑内有三个常设的市场，显然，当时物品交换是很平常的事情。《史记·五帝本纪》云，舜“作什器①于寿邱（今寿丘），就时于负夏”。“寿邱”和“负夏”都是古地名，前者在鲁都曲阜东门之北，后者在鲁都曲阜西面；“就时”即乘时逐利。舜将手工制品从寿邱贩运到负夏去卖，目的是乘时牟利。《尸子》中记载舜的交换活动，曰：“顿丘买贵，于是贩于顿丘；传虚卖贱，于是债于传虚。”意思是顿丘缺少某种物品，所以“买贵”，而那种物品在传虚盛产。这样，舜就利用两地的差价，通过交换牟利。可见，舜的交换活动很有商业味道。

在远古时期，商部落就以善于交换出名，传说他们的祖先曾驾着牛车游走于部落之间，进行交易。历史学家都相信，“商人”“商业”就是因商部落而得名。人们先称到处贩卖的人为“商”，在固定地方售物的人叫“贾”，即所谓“行商坐贾”，后来则逐渐统称他们为“商人”。由此引申，商人出售的生产物便叫“商品”，专门从事交换的行业则称为“商业”。

商业出现于原始社会瓦解、奴隶社会形成的时期，我国夏代前期正处在这样的过渡时期，因此我国商人阶层有可能出现在夏代。

二、商周（西周）时期

（一）商代的商业

商业形成后，交换的商品品种渐渐增加，为了方便交易，人们发明了

---

① 什器指各种生产用具或生活器物。

货币。商代最初的货币是海贝，由于数量不敷应用，后来就以贵重商品铜为原料做成贝币。

商代统治者居住的城市称“邑”，人们交易的场所为“市”。最初的市和邑是分隔的，后来为了满足统治者的需要而将市迁到邑内。市内还有各式各样的“肆”，就是分门别类的店铺。《诗经·商颂》云：“商邑翼翼，四方之极。赫赫厥声，濯濯厥灵。”其描绘的正是商都繁荣的景象。

相传商代君主善治宫室，中设九市。姜太公吕尚就曾在朝歌（当时商王朝的首都，今河南省淇县）和孟津（位于今河南省孟津县境内）的市肆里干过“负贩”，以屠宰和卖酒为生。

（二）西周的商业

商朝可谓因商而起，因商而亡。周武王在商人吕尚的辅佐下，起兵推翻了奢靡暴戾的商纣王，建立了西周。西周时，商业被列为“九职”之一，由官府控制，盈利也归官府。这时的商品不外乎是奴隶、牛马、珍宝等，货币主要用铜铸成。

西周时期的交易必须在市内进行，官府设有专门管理市场的官职，如“贾师”管理市场的物价，“胥师”管理货品的真伪，等等，各官又统属“司市”之下。

三、春秋战国时期

公元前770年，周平王东迁洛邑（今河南省洛阳市），开启了中国历史上的春秋战国时期。随着生产力的发展和生产关系的变化，商业发展到了前所未有的水平，产生了中国商业史上的第一次飞跃。

（一）城市商业的发展

过往的奴隶大都得到解放，能独立从事耕作或手工业，生产更趋向商业化。这时期诸侯国林立，纷纷兴筑都城。这些都市位居津要，自然成为商品集散的最佳地段，因而渐渐发展成大大小小的商业城市。赵国的邯郸（今河北省邯郸市）、齐国的临淄（今山东省淄博市临淄区）、秦国的咸阳（位于陕西省境内）等都是当时著名的商业城市。城市内往往设有不止一个市，作为商品交换的固定场所，市的四周有“市门”，设“市吏”管理。市内列肆成行，商品分类出售。战国时期，市上的商品种类更加丰富，吃的有米粮和各种肉类，用的有绸布、皮货、衣履、刀剑，还有各式奢侈品，如珠宝、玉器、象牙床、千里马、狐裘之类，无不具备，而且出现了为买卖双方评价说合的“牙人”。

（二）货币的使用

商品交换的频繁促进了货币制度的发展，中国金属货币起源悠久，在春秋中晚期时使用更加广泛，各国都自行铸钱，如要进行贵重商品的交易，则使用黄金。

此外，由于经济活跃，以放债营生的行业也渐渐盛行。著名的“战国四君”之一孟尝君也曾是高利贷放贷者，据说他贷钱给封邑内的农民，一次所收的利息就达十万钱之多，利率高达100%，称为“倍贷”。

四、秦汉魏晋时期

（一）秦代对商业有利的措施

秦王朝尽管是一个短命王朝，然而它开创了大一统局面。秦始皇为巩固统一而实行了一系列措施，如拆毁长城①、开辟道路、统一车轨等，这些措施方便了商品的流通。至于具体的经济措施，如统一货币和度

① 这里说的拆毁长城是指秦始皇统一六国后，下令将原来六国的首都和各自修造的长城拆毁，然后统一修筑抵御北面匈奴的长城。

量衡，更是从根本上方便了贸易。因为秦王朝奉行重农抑商的政策，秦代商业始终未能发展起来，但却为两汉商业的繁荣创造了有利的条件。

（二）汉初的贱商令

汉代时期，全国有许多规模很大的商业都市，如长安（今陕西省西安市）、洛阳、邯郸、临淄、成都等。长安城既是政治中心，又是重要的贸易中心。长安城的西北角的东、西九市是繁华热闹的商业区，不仅有专门的酒市、牛市、马市等，还有很多工业作坊。并且随着通往西域道路的开通，对外贸易也开始发展起来。

汉高祖刘邦登基之后，曾仿效秦代实行抑商政策，颁布了贱商之令。这个做法将坐市贾人的地位贬得很低，以致有身份的人并不亲自入市，通常由家中的仆役去从事商业活动。法律还规定商人不许“衣丝乘车”，不得“仕宦为吏”，同时对商人加倍征税。不过，贱商令主要是从政治上贬低商人，经济上并没有过多干预，因此商人尽管受到了歧视，买卖却仍旧做得很红火。

贱商令颁布五年后，刘邦就去世了，到惠帝和吕后当政时，对商人的种种限制渐渐松懈了。到了汉武帝时，对商业活动的干预又渐渐增多，严厉管制大宗商品交易，盐、铁、酒等都在专卖之列。

（三）南方商业的发展

魏晋南北朝是个动荡的时代，大大拖慢了商业的发展。这时期的南方社会相对较稳定，促使大批北方人南迁，大力发展了南方的经济。建康（今南京市）、成都、番禺（今广州市）等南方城市，都是当时全国主要的商业城市。建康城是其中规模最大的，内有四个市，商贩密集，店铺众多，既有供贵族消费的奢侈品，也有普通百姓必需的生活用品。番禺是当时海外贸易的中心，有许多犀象[①]、玳瑁、珠玑之类的奇珍异宝，是当时全国最富裕的城市之一。

五、隋唐时期

隋唐时期，政治上的统一为商业的发展打下了良好基础。这时期的交通网络实现了较大的发展，隋朝开凿了贯通南北水上运输系统的大运河，以长安为中心的驿道也大大密切了全国各地间的联系，对经济交流有莫大的帮助。

（一）夜市的出现

长安、洛阳是当时世界上重要的商业贸易都市，商旅云集，货肆林立。唐初沿袭旧制，商业活动只能在指定区域进行，收市时间也有严格的规定。随着商业活动的日益频繁，宵禁制度越来越难以满足人们的需要，于是夜市应运而生。

当时全国一些著名的商业城市相继出现了夜市，如长安、扬州、苏州、杭州等地。唐代诗人王建在《夜看扬州市》一诗中写道："夜市千灯照碧云，高楼红袖客纷纷。"描绘了扬州城彻夜喧嚣的景象。唐代政府曾欲加禁止，然而效果不彰，夜市依旧兴盛，有些地区甚至通宵达旦。

（二）柜坊和飞钱

唐代，由于商业发展的需要，还出现了柜坊和飞钱。柜坊是由邸店[②]衍生出来的，最迟在唐玄宗开元初年（公元713年）出现。经营的业务是代客商保管金银财物，收取一定的租金，商人需用时，凭帖（相当于支票）或信物提取。

---

① 犀象指犀牛和大象，或指代犀角和象牙。

② 古代兼具货栈、商店、客舍性质的处所。

飞钱，又称“便换”，是中国产生最早的货币汇兑方式。当时，商人奔波于全国各地，随身带的货币主要是铜钱，但铜钱又重又不方便携带。飞钱产生后，商人便可在京城将钱款交给各道进奏院（类似地方驻京办事处的机构）或某个军府、富豪家中，领取半联票券，需要用时凭券到指定地点取钱。

柜坊①、飞钱的出现，免去了商人外出经商时携带大量铜币的麻烦。

六、宋元时期

（一）兴盛的海外贸易

宋元时期，在南中国海上，各国商船穿梭往来，是中国古代海外贸易的黄金时代。

宋代在广州、杭州、明州（位于今浙江省宁波市）等地设置市舶司管理蕃商贸易。与两宋通商的国家中往来最多的是大食②，不少大食人居住在宋境的“蕃坊”③ 之中。自大食进口的主要是珠宝和香料两大宗，包括乳香、龙涎香、珍珠、玛瑙等，而中国出口到大食的物品则有瓷器、丝绸、金、银和各类纺织品。

元代海上交通更加繁盛，泉州、广州、庆元都是主要的贸易港口，其中泉州更被视为世界贸易中心。

（二）坊与市的融合

宋代商业的一个突出变化是坊市制度的打破。汉唐时期的都市，实行

---

① 唐代专营钱币和贵重物品存放与借贷的机构称为柜坊。柜坊所藏物品，主要是钱帛、珠宝玉器和古玩字画。因柜坊资金雄厚，又吸收了很多有钱人寄存的钱财和贵重物品，所以柜坊又兼似后世的钱庄。

② 唐代以来，我国用大食称阿拉伯帝国。

③ 蕃坊，又作“番坊”“蕃巷”，指的是中国唐宋时期阿拉伯、波斯侨民在华聚居区，伊斯兰教传入中国的早期组织形式。当时来华的大食、波斯商贾被称作“蕃商”“蕃客”。

封闭式的坊市制度。市民居住在坊内，商店集中在市内，坊与市四周筑有围墙，交易也有时限。但从北宋开始，城内城外都可开设商店，而且相同行业的店铺往往集中在一起，小贩也十分普遍。此外，因循千年的宵禁制度也被彻底取消，于是，有了夜市，有了酒楼，有了《清明上河图》中汴京（今河南省开封市）的繁华。专门的娱乐场所瓦肆、勾阑①的出现，为繁荣一时的元代杂剧表演提供了主要舞台。

（三）货币的革命

商业的繁荣导致了货币革命，北宋交子是世界上纸币的雏形。交子铺收入客户现金，发放交子为凭。交子起初是汇票性质，后来成为与铜钱具有相同职能的信用货币。元代纸币制度最为盛行，朝廷统一发行纸币（俗称“钞”），通行全国。元代大部分时期不铸钱，并禁止使用前代铜钱，除少数地区外，钞是唯一通用的法定货币。

七、明清时期

（一）江南商品经济的繁荣

江南农业的发达程度有“苏湖熟，天下足”的谣谚为证。到明清时期，农村两大支柱产业——棉织业和蚕桑业的发展开始以市场为依托，有了浓厚的商品经济色彩。当时的商业大都会如南京、苏州等地，聚集了全国的商贾。明人所绘的《南都繁会图》、清人所绘的《盛世滋生图》分别展现了南京和苏州两个商业中心的繁华景象。画中店铺众多，招幌林立，一派兴旺景象。

（二）商业意识的普遍提高

明清人的商业意识比前代大有提高。明中叶以后，社会上的商业风气日

① 勾阑是宋、元时戏曲及其他技艺在城市中的主要演出场所，类似于现代的剧院。

渐浓厚，就连鄙薄商贾的文人也加入了经商大潮。文人或鬻字卖画，或为富人撰写墓志铭。古文名家则编选文章卖给读书人，获利颇丰。妇女儿童也加入了商业生产，浙江普陀山附近乡间的妇孺就抓住观音诞辰的商机，出售纸锭、香烛等物。清代官员暗中经营当铺、钱庄的更是不计其数。

（三）鸦片战争后商业的衰退

1840 年的鸦片战争是中国商业发展的一个转捩点①。质优价廉的洋布流入，使苏松②一带棉纺织业急剧衰退，“百里不闻机声”。外国银行资金的注入，使传统的山西票号和钱庄的经营规模全面收缩，最终不得不退守山西。红顶商人胡雪岩想与英资汇丰银行一较长短，却以惨败告终，胡雪岩也从此穷困潦倒。中国商业开始在夹缝中艰难地生存。

八、近现代商业的特征

（一）近代商业

1. 半殖民地半封建商业网的形成和发展

19 世纪 90 年代以后，国际贸易额急剧增长，加以内河轮船的发展和铁路的兴修，国内市场迅速扩大。到 20 世纪初，一个从通商口岸到穷乡僻壤的商业网逐渐形成。进口商品由口岸的洋行、买办卖给批发字号，再由客帮、转运商运往内地，转发农村。出口商品由农村小贩、城镇货栈集

---

① 转捩点是流体力学术语，表示层流向紊流转变的点。紊流又称湍流，是流体的一种流动状态。当流速很小时，流体分层流动，互不混合，称为层流，或称为片流；逐渐增加流速，流体的流线开始出现波状的摆动，摆动的频率及振幅随流速的增加而增加，此种流况称为过渡流；当流速增加到很大时，流线不再清楚可辨，流场中有许多小旋涡，称为湍流，又称为乱流、扰流或紊流。

② 苏是指苏州，松是指松江。当时的苏杭盛产丝绸，松江盛产棉布，这两地都是国家的重要税收来源。

中，经转运商贩往口岸，再由行栈卖给洋行。这就把原有的传统商业，包括封建性很强的地主商业、行会商业、牙行等都组织起来，成为半殖民地半封建的商业网。

进入20世纪后，通商口岸的近代工业（包括外商工厂）发展很快，它们的产品进入这个商业网。棉花、小麦、烟叶等工业原料的贸易也经这个商业网向口岸集中。随着口岸人口膨胀，粮食和其他农副产品改变了传统流通渠道，转而以通商口岸为中转和消费中心。据1936年国内埠际贸易①统计，机制工业品已占贸易总额的34%，并以上海等地的生产为主；埠际贸易中40%的大米、46%的药材都是运到上海。1936年埠际贸易总额约47亿元，比19世纪末增长约20倍。

随着商业网扩大，其殖民地性质也更加显著。洋行中出现大托拉斯组织，它们采用地区经销、包牌经销等方式，直接深入内地。占工业品交易额90%的棉布、棉纱、卷烟，虽已主要是国内生产，但是被日本、英国在华工厂所垄断，它们控制着市场和价格。农产品方面，除了种类繁多的出口货，主销国内的棉、麦乃至玉米的价格也受国际市场影响。1910年起，进出口价格剪刀差扩大，导致国内工农业产品比价失控。此后不等价交换的情况加剧，到20世纪30年代，东北沦陷，加以资本主义世界经济危机的影响，农产品价格猛跌，市场陷入混乱。

2. 商业资本的变化

20世纪初，随着民族资本近代工业的发展，新式商业中出现了专营国产商品的经销商。经过历次反帝爱国、抵制洋货运动，过去专营洋货的经销商也逐渐扩大国货经营比重，并出现国货公司等组织。在进出口方面，1916—1918年华商越过洋行自办茶叶、生丝出口，1919年又有人试行直接从国外办理进口。由于洋行势力根深蒂固，这种努力成效不大，但总算在

① 埠际贸易，特指近代中国国内各个通商口岸之间的贸易活动。

某些商品上打破了洋行的垄断。抗日战争前上海进出口商行中，华商占20%，但资力难与外商匹敌。在经营上，开始出现贸易公司组织，并向多种经营和批零兼营发展，中小零售商则趋向专业化。1912—1918 年经营"环球百货"的先施公司、永安公司先后在广州和上海成立，随即向各埠发展。1920 年上海首见华商证券物品交易所，继有纱布、面粉等交易所开市。民族工业发展后，出现工厂自设的发行所、分销处、外庄、办庄等，它们也是一种新式商业；20 世纪 20 年代它们开始发展的联营，成为一种有力的竞销形式。另外，商业资本大量投入工业，有些新工业完全是由商业资本创建的，如西药商创建药厂、东洋庄创建橡胶厂等，工商关系日益密切。

从全国来说，传统商业仍占很大比重，但它们也不同程度地资本化了。在粮行、药材行、绸缎行中都出现合股公司组织；盐商已不居重要地位；牙行制度有所改变和削弱。封建习俗在零售业和集镇、农村中仍保留着。

3. 官僚资本和商业投机化

1927 年以后，出现另一种新的商业资本，即官僚商业资本。它是在国民党政府实行金融垄断的基础上，凭借政权力量发展起来的。官僚商业资本首先插手的是出口贸易，从 1936 年起先后垄断了钨、锑、锡的运销。抗日战争时期，国民党政府借口统制经济，实行多种物资的统购统销、公营专卖，独占丝、茶、桐油、羊毛、猪鬃的收购和出口，管制棉花、纱、布贸易。同时国民党政府大官僚的私人商业也利用特权，投机垄断。

近代商业的投机性远较传统商业强，像上海这样的半殖民地城市本来就是个国际资本的投机市场。然而，整个商业的投机化是在抗日战争时期由国民党的通货膨胀政策引起的，在战后达到顶点。所有重要物资都变成投机筹码，正当交易停顿，城乡交流堵塞。工业资本也大量参与到商业投机，导致生产停滞。城市集聚了大量游资，到处兴风作浪，直到中华人民共和国成立后，市场面貌才有了改变。

（二）现代商业

1. 中国1949—1978年商业概况

1949年10月1日中华人民共和国成立，历经多年战乱，中国经济百废待兴。为了解决人民的吃饭问题，为了尽快恢复社会经济，我国实行了计划经济，生产资料实行公有制和集体所有制，工业生产国营化，农业生产集体化。这段时期从事工业生产的所有企业都是国营企业，分为全民企业和集体企业两类，企业的采购和销售按国家计划执行。农业生产是以人民公社、大队和生产队为主体的集体劳动，生产资料归集体所有，劳动所得交完公粮①后集体按照劳动力和人口分配剩余的农产品。这一时期的商品交换以供销社为主，多数商品凭票供应，在农村有少数走街的小商贩，生产队的剩余农副产品也偶尔向外卖出一些。例如，有一些生产队里有自己的油坊、粉坊或酒坊等小型作坊，这种小型作坊的产品多数是自给自足，只有少数生产队会卖一些产品贴补生产队的集体收入。

生产资料公有制、集体所有制和商品凭票供应在中华人民共和国成立初期对恢复经济起到了一定的积极作用，但是，后来中国人民经历了三年自然灾害和长达十年的“文化大革命”，使得人们的思想和观念都有了极大的变化。这时的国有制和集体所有制以及凭票供应制度等开始不适应当时多数地区的经济形势。

2. 中国1979年至今的商业

1978年安徽凤阳小岗村的联产承包责任制，打响了中国改革开放的第

① 交公粮，指的是农民将所种的粮食向国有粮库交售。目前我国已经取消交公粮这一制度。

一枪。1978 年 12 月，中国共产党召开了十一届三中全会，会议揭开了中国社会主义改革开放的序幕。

改革开放后中国商业得到了快速的发展，中国出现了国有、集体所有、私有、外资、合资、股份制等多种所有制并存的局面。这一阶段出现了“下海”潮，从事商业活动的人越来越多，中国的商业得到了进一步发展。

现代商业的主要特征是规模化、集团化、网络化、国际化，互联网技术和现代物流技术的高速发展以及电子货币的产生使得现代商业打破了时间和空间的限制，使得商业全球化得以实现。

（1）现代商业的新发展

我国自改革开放以来，特别是进入 20 世纪 90 年代以后，在现代信息技术、网络技术和经济全球化浪潮的强劲推动下，商业的发展日新月异，发达国家现有的各种商业组织形式和经营业态几乎全部出现。可以说，我国正在经历从传统商业向现代商业转型的历史性时期。

①现代商业领域的新拓展

在商品经济欠发达的时代，商业活动集交易、运输、仓储、信息、结算等业务于一体，而在现代商业活动中，特别是网络技术的发展，带来的不仅是信息传播速度与效率的提高，还有商流与物流等的进一步分离，从上述业务活动中逐渐演化或派生出许多独立的行业。

代理业：目前这一新型的批发业组织形式——贸易经纪与代理业，在我国尚处于初级发展阶段。在现代商业活动中，经纪业、代理业将成为庞大的分支。

物流配送业：物流伴随着商业的发展而发展，高效率的物流又促进商品流通的发展。当今众多国际零售企业的竞争力之强，很大程度上依赖于其先进的物流系统，高效的物流配送成为现代商业竞争的重要砝码。

会展业：会展相当于古代的“集市”，主要指交易会、博览会、展销会等市场贸易类的活动。日内瓦、纽约、巴黎、中国香港等是世界著名的

“展览城”，会展业为其带来了巨额的利润和经济的繁荣。我国现已成为亚洲的会展大国。

②传统业态的提升和创新

20 世纪 90 年代以来，尽管受到新型零售业态的巨大冲击，但我国传统的百货店并没有消失，伴随着国内总体消费水平的提高和消费层级化、多样化的出现，许多百货店都在积极地进行业态创新，一部分逐渐演变为大卖场和综合超市，另一部分转向了专业店、专卖店。此外，在我国还出现了与其他国家不太一样的不同业态融合的新形式，如百货店与大型超市、购物中心的融合共存。

此外，一些传统的批发企业，借助现代科技、现代管理等技术手段，开展物流配送、代理、电子商务批发交易等，较为成功地实现了向现代商业的转型。

（2）现代商业的新内涵

在经济全球化和高新技术快速发展的时代背景下，综合国内外已有的研究成果，与传统商业相区别，现代商业具有以下几个方面的含义。

①以现代经营理念为引导

顾客导向，以人为本，作为现代商业最基本的经营理念，与以销售为中心的传统经营理念有着本质的不同。当今，公平诚信、文明经商的理念，注重塑造自有品牌的经营理念，绿色生态商业理念等正日益成为众多企业的经营宗旨。

②以现代企业组织形式为标志

现代商业企业在组织形式上应符合现代企业的特征，即建立现代公司制度，具有较为规范的公司法人治理结构，管理制度规范、有序。比较典型的有股份公司、集团公司、上市公司等。

③以现代经营模式和新型业态为载体

连锁商业作为规模经营、降低交易成本的一种制度创新，是现代经营模式的最典型形式之一。目前全世界销售额排位在前20名的流通企业，毫无疑问是连锁企业。连锁经营已从传统的日用消费品、餐饮服务业发展到农用物资、医药、石油石化、机电、民航、邮电、图书、美容美发等领域。

科技的飞速发展还促进了无店铺销售的兴起和发展，如自动售货机、电话营销、电视购物、网络营销、微信营销等。近年来，不但出现了大量电商和微商，还出现了无人超市和共享经济商业模式等新型商业业态。

④以现代商业技术设施为基础

随着社会的发展和科技的进步，现代商业的软、硬件设施都已今非昔比，自动取款机、银行卡结算系统、网络转账系统、网上支付系统、移动支付系统、物流配送中心、电子监控系统、消防喷淋系统等现代化设施一应俱全；各企业对建筑风格、内部装潢、陈列布局等都精心设计，光效、色彩、音响等的运用也受到普遍重视。舒适度、安全度、便捷度、健康度等已成为商业企业角逐市场的重要筹码。

此外，商品条码技术、集成电路卡（IC卡）、销售点终端系统（POS）、客户关系管理（CRM）、供应商管理库存（VMI）等现代经营管理技术的应用，所带来的商业管理的自动化、电子化、信息化和智能化已成为现代商业的技术标志。

⑤以现代化管理为必备条件

依托现代管理思想和技术，以及电子数据技术、网络技术的支持，现代商业企业在顾客管理、销售管理、商品管理等方面的效率和能力得到极大提升，现代商业企业已逐渐向技术密集型转换，从而对管理者及从业者的素质、专业知识结构等方面的要求都有明显提高。

⑥以现代服务功能为保障

随着经济的发展、居民收入的增加，消费行为呈现出多元化、个性化趋势，消费者日益注重营销服务和附加价值，追求购买的舒适性、便利性、高选择性和文化性的统一。因此，现代商业的发展已不再局限于向消费者简单地提供商品，而是呈现出向购物、休闲、美食、娱乐、生活服务等具有整合功能方向发展的趋势。

九、小结

本节主要讲述了我国商业的起源和发展历史，从起源看，早期的物物交换和商业活动主要是由部落首领来完成，到奴隶社会主要是奴隶主之间进行交换和买卖。国家出现之后，国家（统治者）对商业的控制力仍然很强，关乎民生的重要商品是由国家经营。到了现代，国家的经济调控政策仍然对商业影响极大，国家对重要资源的经营和管控都比较严格。国与国之间的贸易往来、大宗交易还是由政府主导。个人要想从事商业活动需要注册登记，接受国家监督。总之，从古至今国家（统治者）从未放弃过对商业的监管，“官家买卖”也从未间断。

第三节　商业的产生与发展对经商者的启示

“以古为镜，可以知兴替。”通过了解商业史，经商者可领悟商业经营的道理。商业的产生与发展对经商者的启示有很多，可以说是仁者见仁，智者见智。

一、商业的实质是提供方便与帮助

（一）提供方便

从商业的产生和发展我们不难看出，商业是商品交换的产物，是连接生产与消费的桥梁，是人们互通有无的纽带。商业的实质是服务，是给人们提供方便。俗话说：“与人方便就是与己方便。”商业活动就是自己在给别人提供方便的同时，也能从中获得应有的回报。这一点给我们最大的启示是，无论你做什么生意，首先你要问问自己有没有给别人提供方便？对于那些能够给人们提供方便的商业活动，坚持做下去多数会成功。比如，现在几乎家喻户晓的马云，他所经营的阿里巴巴集团（包括淘宝网和天猫等）和支付宝就给人们提供了便捷的网上交易平台和网上支付平台，为人们的生活带来了方便；再比如，这几年发展迅速的快递业给人们邮寄东西提供了方便。快递业的发展和网购的发展的实质都是为人们提供方便。因此，笔者认为，商道第一法门便是打开方便之门，这和佛教所说的打开方便之门有所不同，这里是指商人和商业的产生就是为了给他人提供方便，讲的是经商之道。互联网给人们带来了方便，所以互联网行业在迅速发展的同时，经营者也赚到了钱。

在现代营销理论的“4C 营销理论”中也强调了方便的重要性，“4C 营销理论”是由美国营销专家罗伯特·劳特朋教授在 1990 年提出的，该理论关于方便的解释如下：

方便（convenience），即为顾客提供最大的购物和使用便利。“4C 营销理论”强调企业在制订分销策略时，要更多地考虑顾客的方便，而不是企业自己的方便。企业要通过好的售前、售中和售后服务让顾客在购物的同时，也享受到便利。便利是客户价值不可或缺的一部分。如何最大限度地方便消费者，是目前处于过度竞争状况下的零售企业应该认真思考的问题。

如上所述，零售企业在选择地理位置时，尤其应考虑“消费者的易接近性”这一因素，使消费者容易到达商店，即使是远程的消费者也能通过便利的交通到达商店。

（二）提供帮助

商业的产生源于交换，而它的实质是为交换服务，商人是从事商业活动的人，是商品交换的中间人，是为人们互通有无提供服务的人。商人和商业是连接生产和消费的桥梁。事实上商人最大的作用就是帮助生产者把商品卖掉，帮助消费者买到需要的商品，所以人们通常把商业划到服务业。正因如此，笔者认为，商道的不二法门是为众生服务。为众生服务既包括为他人服务，也包括为动物和植物服务。比如生产饲料和销售饲料是为动物提供食品；生产化肥和农药是为植物服务。

帮助别人、为他人提供服务是商业的重要功能，也是商人的重要职责，履行了这些职责的商人都会得到相应的回报，哪怕是免费提供的服务也有回报。这一规律在现代社会体现得更明显，比如腾讯公司旗下的 QQ（一种通信软件）和微信就是免费为大家服务的，它们的最大特点是给人们沟通交流提供了便利和帮助，这种商业模式与商业的实质即提供便利和帮助高度吻合，因此腾讯公司做得很成功。

为别人提供帮助的商业模式做得成功的还有很多，原因就是现今的世界是个开放的大融合社会，几乎每个人都需要帮助。比如，学生学习需要帮助，所以出现了大量的补习班和校外辅导班；人们出门要坐车和住宿，于是出现了帮你订车票、飞机票和酒店的携程网等服务型公司；孤寡老人需要看护，所以社会上有老年公寓和养老院；曾经红火一时的跑腿公司以及宅急送等快递公司都是在帮助别人做事，为别人提供方便。因此，“一个商人成功与否不在于他打败了多少竞争对手，而取决于他帮助了多少人”。其实，做人也一样，一个人是否出色不在于他打败了多少人，而取决于他帮助了多少人。

二、商业与政治的关系

中国古代统治者大都奉行重农抑商思想，因此长期以来都推行以抑商为主的商业政策，对商业严加控制和干预。这些商业现象虽然只属冰山一角，却能让我们从中寻出古代商业发展的某些特质。另外，我国古代的对外贸易均带有浓厚的政治和外交色彩，历史告诉我们，商业的兴衰与政治有着密切的关系，要想成为大有作为的商人，必须要认清商业与政治之间的关联。

从19世纪60年代起，鸦片战争使部分中国人意识到贸易的重要性，中国出现了“绅商”阶层，它是经济实力与政治权力的结合体，代表人物有张謇、胡雪岩、盛宣怀等人，其中胡雪岩被称为“红顶商人”。有关学者称，政界与实业界双栖是这个阶层最大的特点。此后，洋务运动“官督商办”“官商合办”更突出了这个特点。

从古至今，商业的繁荣都离不开政府的支持，生意做到一定程度大多会和政治有一定的关系，生意做得越大与政治的关联越紧密。商业的发展离不开政治的稳定，同时，政治也需要商业的支撑并被商业牵制。

（一）商业繁荣离不开政治稳定

俗话说：“宁为盛世狗，不做乱世人。”可见社会稳定是何等的重要，离开了政治的稳定，商业的繁荣就无从谈起。纵观古今中外，凡是政局动荡的国家和时期大都经济萧条。

政治的稳定会促进经济的发展，一旦经济发展，商业自然随之繁荣，中国经济繁荣的时期大都天下太平、政治稳定。研读历史我们会发现政治的稳定是经济繁荣的保障，政治的动荡会带来经济的萧条。同时我们也看到经济的繁荣会使政治更加稳定，经济的萧条也会带来政治的动荡。

（二）社会制度与商业的关系

在漫长的人类历史进程中，很长一段时间社会制度制约了商业的发展，社会制度的不断进步会促进商业的发展。社会制度与商业的关系是一种辩证的相互促进的关系，即社会的进步促进了商业的发展，商业的繁荣反过来也会推动社会制度的进步。

（三）政治也需要商业的支撑

政治是上层建筑而经济是基础，经济基础决定上层建筑。一个人或一个阶层的社会地位和其经济地位有关，一般情况下社会的经济命脉掌握在统治阶层手里。商业是政府的主要经济来源之一，所以在某种意义上说政治需要商业的支撑。

笔者未出过国门，对西方政治经济的实际情况了解较少，因此，不好对西方的政治经济妄加评论。不过，据相关书籍与新闻报道可知，那些国家首脑靠民主选举产生的国家，在进行国家首脑民选时，每一个竞选者背后都有财团支持，每次竞选要消耗大量的人力物力，没有经济实力是没办法参加竞选的。如果这些是事实的话，那么等于说这些国家首脑的更替是被大的财团影响的，他们支持的政客就有机会当选国家首脑；反过来说，政客要想走上国家首脑的舞台，首先要寻求商业巨头的支持。这样看来，似乎这些民主国家的领导者竞选，也是各个财团之间的竞争。特朗普成功竞选美国总统似乎证明了这一点，因为他本身就是一个大商人。特朗普当选美国总统，似乎可以看作是商人从幕后直接走向了台前。

（四）商业与政府的关系

1. 政权对商业的干预

中国古代长期实行重农抑商政策，政府对商业以及商人的活动非但不予支持，反而还处处加以限制和干预，如实行禁榷制度、贬低商人地位、征收高额商税等。

禁榷制度是指政府对某种商品的生产与销售实行垄断，禁止私人经营，目的是获取巨大利润。禁榷的物品都是人们生活的必需品，如盐、铁、茶、酒等。春秋初年，管仲在齐国推行“官山海”① 政策，垄断盐、铁的产销，被视作禁榷制度的开端。比较完备的禁榷制度是西汉时期汉武帝建立的，汉武帝采纳桑弘羊等人的建议，实行盐、铁专卖和酒榷，并为历代统治者所沿用，禁榷的范围也不断扩大。

通过学习历史尤其是商业发展史，我们明白一个道理，若没有国家政权的支持，商业很难发展起来。历史上把政府干预商业称为禁榷，现在叫宏观调控和专营（比如烟酒专营），在我国涉及民生领域的商业活动还是由国企来经营的，比如水、电、铁路和石油等。

2. 政府是最大的消费者

在中国，政府也是一个“消费者”的观念是近些年才逐渐被认识的。过去很长一段时间内，由于这个消费者比较特殊，人们对其认识不足。按照西方契约政府理论，政府为了实现其职能并向公众提供公共服务而向纳税人征税，从而形成了公共资金（Public Fund）。政府“花”公共资金的行为，在纳税人看来，政府应是受纳税人的委托在管理公共事务中从事公共开支的一个特殊消费者。

政府为了维持各级机构的运行和建设社会服务设施，每年要使用大量的资金购买大量物资和劳务，因此政府是一个国家最大的消费者。说政府是消费者可能有人会质疑，如果我们说是政府采购大家就容易接受了。政府采购（Government Procurement）就是指国家各级政府为满足日常的政务活动或公共服务的需要，利用国家财政性资金和政府借款购买货物和服务的行为。国家每年用于政府采购的资金是一个庞大的数目，所以说政府是最大的消费者一点也不为过。

---

① 官山海亦称“管山海”，是中国历史上主张由国家控制盐、铁及山林川泽等自然资源的经济思想和政策。“官山海”一词始见于《管子·海王》篇“唯官山海为可耳”。“管山海”则出自《盐铁论·贫富》：“食湖池，管山海。”所谓山与海虽泛指山林川泽之利，但在春秋至汉武帝这一历史时期，主要指盐、铁两项国家专营。

3. 政府掌管着重要的社会资源

政府既是消费者也是供应商，它为整个社会提供服务并掌管着涉及民生的重要资源。国家政权掌管着土地、山川、河流等人们赖以生存的重要资源，从理论上讲世界上的自然资源归人类和动植物等一切生物共有，但是这些资源总要有人或机构来管理，政府就是为国人管理这些资源的机构。国家政权对这些资源的分配对商业经营的影响极大，例如土地开发权、矿山的开采权等。《中华人民共和国物权法》中涉及国家资源的法条包括以下几条：

第四十五条 法律规定属于国家所有的财产，属于国家所有即全民所有。

国有财产由国务院代表国家行使所有权；法律另有规定的，依照其规定。

第四十六条 矿藏、水流、海域属于国家所有。

第四十七条 城市的土地，属于国家所有。法律规定属于国家所有的农村和城市郊区的土地，属于国家所有。

第四十八条 森林、山岭、草原、荒地、滩涂等自然资源，属于国家所有，但法律规定属于集体所有的除外。

第四十九条 法律规定属于国家所有的野生动植物资源，属于国家所有。

第五十条 无线电频谱资源属于国家所有。

第五十一条 法律规定属于国家所有的文物，属于国家所有。

第五十二条 国防资产属于国家所有。

铁路、公路、电力设施、电信设施和油气管道等基础设施，依照法律规定为国家所有的，属于国家所有。

（五）国家对经济的宏观调控对商业的影响

现代社会的国家对经济的调控主要是通过货币政策和财政政策，例如货币的宽松与紧缩、税率、利率和财政补贴等，其中国家支出和税收政策对经济的调控作用最为明显。

国家宏观政策对经济的调控多数是有利于商业发展的，但是商业要认清国家政策导向。考虑到整个社会的利益，国家会鼓励某些行业的发展，同时，也有可能抑制某个行业的发展。

不过，尽管很多人都知道要注意国家的政策，但是很多人不知道国家调控政策的时滞性。政策的时滞性指的是一个政策对经济产生影响出现时间滞后的现象，也就是说，一个政策出台后不会马上看到明显的效果，这期间有个时间差。

三、小结

本节主要讲述商业的发展对商人的启示，指出经商的第一法门是打开方便之门，商道的不二法门是为众生服务，商业的实质是提供方便与帮助。同时，告诉商人商业的发展离不开政治，商业经营不能违背政府意志。

第二章
商人的由来与地位变迁

第一节　商人的由来

一、商人名称的由来

公元前21世纪，夏氏部族建立了我国历史上第一个王朝——夏朝。那时人类从新石器时代进入了青铜器时代，生产力进一步发展，部落之间的交换亦进一步扩大。由部落首领为代表交换得来的商品，原先是归公共所有，随后，部落首领运用权力，把交换得来而本部落成员消费有余的物品攫①为己有，私有财产从此产生，阶级也出现了。于是原始公社解体，奴隶制度萌芽。这时，不但部落之间，而且部落内部各家族，甚至生产者之间也发生了交换行为。夏朝传位至第五代君主姒相时，被异族攻伐而撤离了国都商丘，商族于是进入了商丘。商族的畜牧业和手工业都很发达，剩余产品较多，如果不进一步扩大交换，则不能满足需要，因此交换得到发展，且造就了一批善于从事交换的人才。商族酋长相土改革了人推车为马拉车，他的曾孙王亥又用牛拉车来载运货物。王亥经常驾着牛车，

---

① 攫：夺取。

赶着牲口，载着布帛，到黄河北各部落去交换。那时候，专门从事贩卖是一种特权。拥有这种特权的是奴隶主，他们驱使奴隶进行交换劳动。相土和王亥之流，是贵族，是真正的“官商”。那时还没有出现专门从事交换活动的自由民。

公元前16世纪，商族首领汤推翻了夏朝，建立了商朝，商朝是奴隶制鼎盛的时代。到了商朝后期，交换活动虽然多数仍由奴隶主驱使着奴隶进行，但已开始出现专门以买卖为职业的自由民。例如，姜子牙在未遇到文王之前，是在朝歌（今河南省鹤壁市淇县）和孟津等地做屠宰和卖酒生意。不过那时还未有“商人”的称呼。

公元前11世纪，商朝被周武王起兵推翻了。商朝的遗民很多，曾发生过叛乱，被周公姬旦平定了。周公怕他们再次叛乱，于是强迫他们迁徙至洛阳，并容许和鼓励他们发挥所长，让他们牵牛驾车到远方专做买卖。从此周朝人把这些专做买卖的商朝遗民叫作“商人”，把买卖这个行业叫作“商业”。

二、关于商人由来的古老传说

距今4000多年前，有娀氏之女简狄在河边洗澡，“见玄鸟堕其卵，简狄取吞之，因孕生契”。契长大后协助夏禹治水，因功而封于商地，赐姓子氏。契的六世孙王亥聪明多谋，很会做生意，经常率领很多奴隶，驾着牛车到黄河北去做买卖。一天，王亥在贩运货物途中，突然遭到狄族易氏的袭击，被抢走了货物和随从的奴隶，并被杀死。王亥有个儿子叫上甲微，听到父亲被害的消息后，便兴兵伐易。最后终于灭了易氏，商的势力也从此扩展到易水流域。到了契的第十四代孙汤时，商族后裔的手工业已相当发达，特别是纺织业，纺织品的花色品种优于其他各族。汤为了削弱夏的国力，便组织妇女织布纺纱，换取夏的粮食和财富，他把贸易作为政治斗争的武器，最后灭了夏朝的统治者夏桀，建立了商朝。

商朝定居耕种，手工业也相当发达。大约是公元前1046年，周武王灭商后，商族人成了周朝的种族奴隶，被迫迁居到各地，由周朝严密监视和统治。一些原先的商朝贵族和平民虽然仍能“各居其宅，田其田”，保有一部分田宅和享有自由民的身份，但经济状态已不如昔日，甚至不能很好地赡养家属。为了增加收入，他们听从了周公的告诫，把经营商业作为自己的副业。商贵族一向脱离生产，身无长技，不能像其他奴隶一样可以从事农业或手工业生产，在“殷人重贾”风气的影响下，只好做他们最熟悉的买卖行当。而那些曾因反抗而被剥夺土地和政治权利的商代遗民，除了受官府的驱使去做买卖外，没有其他出路。因此，“做买卖几乎就成了商遗民以及原先商族奴隶的主要职业，从事这一行业的也以这些人为多数”。在周人的心目中，做买卖的人就是商人，商亡后，这个印象就更深刻了。后来，虽然商、周两族的民族界限逐渐模糊了，买卖人不再以商族人为主体，但人们仍把“商人”作为买卖人的通称，并把“行商坐贾”统称为“商人”。

商人在古代分为两类：凡是在一个地方经商的，如开店坐铺，则称为“贾”，而流动在外进行贸易的才叫“商”。发展到近代，已经“贾”“商”不分了，凡是做买卖的生意人统称“商人”。

三、小结

本节主要讲述了商人的来历，其中有一些是美丽的神话传说。这一节主要是告诉人们商业活动可以养家糊口，是赚钱谋生的一种手段。当人们想发财致富时可以从事经营活动，当没有其他出路时也可以经商谋生。现今社会也是一样，国有企业改革之初，出现了大量的下岗职工，有相当一部分下岗职工就从事了商业活动。汉语言博大精深，人们把做买卖称为做生意，生意，即谋生之意。生意本身也暗含生机、生命力之意。

第二节　商人的地位变迁

商人的历史几乎与人类文明史一样古老，中国有历史记载的第二个王朝——商朝，就是由善于经商的商人建立的。然而，在中国历史上，商人的地位却一直处于一种奇怪的矛盾之中。

商人在经济上很富有，但社会地位却很低下，人们常说“士农工商”，商人位于“四民”之末，地位不如手工业者。自战国后期商鞅在秦国推行重农抑商政策以来，政府对商人的打压便一直没有间断。秦始皇在统一各国的战争中，每征服一国，就下令将当地的富商大贾迁往外地，并没收其大部分财产。汉代对商人的限制更为严格，商人几乎完全丧失政治地位。中华人民共和国成立之初实行计划经济时，商人的地位也不高，在改革开放之前，国内有一段时间是限制个人经商的，直到改革开放个人才可以名正言顺地经商。改革开放以来我国进入社会主义市场经济时代，商业得到了高速的发展，商人的地位才得以不断提升。随着拜金主义的滋生，商人特别是富商受到了社会的追捧，其社会地位有了极大的提升。如今，进入社会主义新时代，商业更是进入超前的繁荣期。尤其是中国提出的建设“一带一路”伟大倡议和打造人类命运共同体的宏伟目标，今后一段时期内我国商业会得到更大的发展。

一、先秦时期商人的社会地位

中国商人的历史可以追溯到奴隶制的第二个王朝商朝，但是商族的统治者非常清醒地认识到在中国这样的地理环境下要稳定统治，重要的是发展农业生产。他们认为“能事本而禁末者，富”。在这里，“末”指的就是商业和手工业。然而春秋时期商业尚不发达，帝王没有感觉到商人有夺取政权的威胁，尚能做到“务材训农通商惠工”以及“轻关易道，通商宽农”。商人子贡成了孔子的大弟子，司马迁《史记·货殖列传》中记载：“子贡结驷驰连骑，束帛之币以聘享诸侯。所至，国君无不分庭与之抗礼。夫使孔子名扬于天下者，子贡先后之也。此所谓得势而益彰者乎?”大商人子贡能够与诸侯们分庭抗礼，说明当时人们对商人是尊敬的，最起码可以说先秦时期商人地位是和大家平等的。

春秋时期，各地政权混乱，诸侯割据，商人的存在就有了一定的积极作用，贸易对于不同区域之间互通有无有很大的意义：为官者寻求奇珍异宝，为民者寻求更好的商品。在这样的环境下，商人正好为各式各样的需求提供了便利，互通有无的责任和贸易交往的职责让商人的角色不再是西周初期不招人喜欢的先朝遗民，而是成为帮助他人获得需求物资并且将多余物资进行交换的中间人，这一时期的商人地位有了一定的上升，也赢得了社会民众的喜爱。

这一时期的商人中甚至出现了很受人尊敬的人物，他们也成为商人最早的代表和最值得尊敬的前辈。大家相对熟悉的范蠡就是一个典型的例子，范蠡在向越王勾践献了西施作为美人计报了阖闾的仇恨之后，成了靠经商而受人尊敬的典范，人们尊称他是陶朱公，“公”这一称呼则是对有作为、值得尊敬的人的称呼。可见，总的来说，商人的地位在春秋战国时期有了很大的改善，其中实力雄厚和德高望重的甚至会成为民众尊敬的人物，商人这一角色一改以前不好的受人轻贱的形象，成为在生产力增长引起社会富足的背景下作为贸易主角而存在的必要职业，尽管在实质上并没有超越原来的地位，但作为一项生存技能，经商这一行为已经开始渐渐被世人接受。

二、秦朝商人的社会地位

秦代，由于经历了战国时期的长期战争，在统一全国后，经济相对萧条，并没有条件可以允许贸易像春秋时期那样进行。受到政局变化和朝代更迭的影响，商人的地位又变得相对低下。

经济环境对于商人这一职业的影响是非常巨大的，贸易的进行需要商人的存在，而贸易的衰退和经济的萎缩直接导致商人地位的变化。

秦朝时的军人、官吏和有土地的自耕农都是具有完全行为能力的民事主体，享有人身、财产、婚姻和单独立户的权利。由于国家政策和社会观念，商人、赘婿、后父三种人的权利则受到限制。

先秦时期国家推行重农抑商政策，认为农耕是本业，经商是末业，所以商人阶层受到歧视。虽然他们可以积累大量财富，但法律禁止他们穿戴丝绸衣物、乘坐华丽的车驾，被称为“虽富无所芳华”。商人和他们的子女都不能从政做官，而且他们被发配边疆从事开荒活动的可能性比普通人要大。

三、汉朝时期商人的社会地位

《史记》中记载：“天下已平，（汉）高祖乃令贾人不得衣丝乘车，重租税以困辱之。孝惠、高后时，为天下初定，复弛商贾之律，然市井之子孙，亦不得仕宦为吏。”可见商人处境之艰难。

在汉高祖时期，商人不仅不可以穿丝绸的衣物，还不能乘坐马车，这样做就是为了压迫商人这一群体和限制他们的社会地位。除此之外，在法令上给他们以重税，对商人这一群体给予不合理的打压和侮辱，这些政策更是体现出其社会地位实在是低到一个无以复加的境地。执政者对商人有一种深重的厌恶感，自然也就影响了商人群体的社会地位。在继位者的政权下尽管“复弛商贾之律”，但是依旧有“然市井之子孙，亦不得仕宦为吏”的法令，也是在严重限制商人的地位。市井后代不可以入仕的记载着重表现出整个汉朝社会对于商人这一群体不可以磨灭的歧视。

汉代是等级分化非常严重的封建社会，民事权利和义务在不同身份的主体之间也有着不同的分配。贵族、官僚不仅不用承担各种义务，还享有种种特权，占有大量田宅和奴婢。商人不能做官，不能以自己的名义购买田地，而且需要向政府申报财产，交纳财产税。商人如果申报不实，被人揭发，其全部财产就要被没收，还要被罚戍边一年。手工业者被视为“贱民”，与商人一样，是被限制民事行为能力的人。

四、三国两晋南北朝时期商人的地位

（一）商人受歧视

三国两晋南北朝时期商人地位卑微到了被歧视的地步，据《晋令》记载：“侩卖者，皆当着巾，白帖额，言所侩卖及姓名，一足白履，一足黑履。”另外，据《齐书·刘休传》记载：“南齐刘休妻妒，齐明帝痛恨妇人之妒，便诏令惩罚，命刘休‘于宅后开小店’，‘使（妻）王氏亲卖扫帚、皂荚，以辱之’。”

（二）农民地位降低，商人数量增加

魏晋南北朝时期是中国历史上的大动荡时期，连年战争使普通百姓流离失所，政府的户籍管理自然成为空架子。农民的社会地位比秦汉时有所下降，大多农民不堪忍受各种赋税，委身投靠地主豪强，成为“佃客”“门附”。这些农民不登记国家正式户籍，而是作为主人的依附人口；不向国家交纳赋税，而是为主人耕种田地，交纳田租，由以前的完全民事行为能力人转变为依附豪强地主的限制民事行为能力人。他们虽然不像奴婢那样成为主人的私有财产，沦为物，但却失去了人身自由，常常被主人连同土地一起转让或赠予他人。除了投靠地主豪强，农民另外的出路就是经商，所以当时出现了弃农从商的现象，这导致了农民数量减少，商人的数量增加。

（三）商业繁荣

据《洛阳伽蓝记》记载，北魏全盛时期的洛阳拥有非常兴旺的服务性

商业，举凡养生送死之具靡不毕备，南朝的建康（今南京）亦应如此。而从转运贸易的角度看，南北朝商人除了继续经营奢侈品和日用品外，还延伸及文化生活领域。

南北朝时期的经济发展和社会分工虽比以前大有进步，但盛极一时的弃农经商现象仍然缺乏坚实的社会经济基础，不是在社会和历史的自然发展过程中产生出来的。

五、隋唐时期商人的社会地位

隋唐时期，相对来说是经济比较繁荣的阶段，与繁荣的经济相匹配的是商人的社会地位有一定的提升，这一时期朝廷放宽了对经济贸易的限制，商人也相应地有了一定的社会地位。虽然在封建社会，商人依旧和政府官员有着不可以僭越的鸿沟，并且两者绝对不可以相提并论，但是除了“士”的阶级外，商人和其他阶级是相对平等的。

唐朝是中国封建社会的鼎盛时期，法律政策较为宽容开放。按照《均田令》的规定，成年男女都可以无偿分到一定的土地自由耕种，国家赋税也比较轻。商人、赘婿依然不能入朝为官，一些来华的外国人却可以获得国民资格并参加国家组织的科举考试，而且考中者还可以做官。

唐前期政府实行抑商政策，商人被列入市籍，没有入仕的权利，政治地位低下。与此同时，商人的社会地位也显得相当卑微。如果说，政府实行抑商政策主要是出于政治上的原因，那么，整个社会对商人的蔑视则主要是出于对商人身份的轻视和对商人素质的过低评价。从六朝门阀政治中脱胎出来的唐朝社会，认为社会荣誉主要来自三个方面：门第出身、文学才能和个人品行。武后时薛元超名为宰相，位极人臣，却对人说，他平生有三恨：“始不以进士擢第，不得娶五姓女，不得修国文。”这突出地反映了当时社会崇尚文学才华和门第的情况。至于德行，在儒家思想里，一直是评价人物贤否的主要标准之一。正是基于这三大标准，当时的士人普遍对商人阶层持轻视态度。由于数百年来政府一直执行抑商政策，商人的入仕之路被人为阻断，使得这一职业列名于“四民之末”，一直被人轻视。《后汉书·独行列传》中记载太原人王烈为躲避官府的辟召，“乃为商贾自秽，得免”，既云“自秽”，可见商贾之贱。六朝社会，尊崇阀阅，连庶族寒门亦在社会上地位低下，遑论商贾。唐承六朝之余绪，在法令里命商贾为“杂类”，而在士人看来，仅此杂类的出身即意味着他们身份的卑贱，意味着他们没有入仕的资格。

至唐后期，随着商人在社会经济生活中所起的作用越来越明显，随着门阀观念的逐渐淡薄，随着社会观念的改变，士人对商人阶层的看法也在逐渐发生变化。商人的出身虽然仍是某些墨守成规的士大夫所提及的问题，但在大多数情况下，人们对一个人是否被援用的标准，开始集中于对其才干功优的评价上。只要商贾具备才能，立有功勋，他们即具备被引荐的资格。

唐前期规定“五品以上不得入市”，“工商杂类，不得预于士伍”，士人自恃门第才华，打心底里瞧不起商人，士商之间，鸿沟明显。士商交游的情况比较少见。如果有人愿意屈尊与商人来往，往往会受到社会舆论的非议。到了唐后期，这种情形得到了很大的改观。这一方面是因为当时士人对商人的看法和态度已有所改变，另一方面也是由于商贾阶层自身的素质也有了较大的提高。商贾之人能诗文、具有较高文化素养者已不罕见，士商之间亦可以书艺相契。士商交游情况的普遍化，是士商之间隔膜渐除的重要表现，说明士商之间的鸿沟已开始渐渐消失，士商差距开始缩小。而此时，士商差距缩小的另一个重要表现是商人可以为士，士人亦可经商。陈会、顾云、常修等均为商贾之子，但他们名登科第，仕至达官，他们与当世著名文人交游往还，歌咏唱和，其风流儒雅为世所称。《北梦琐言》卷六载：“唐罗给事隐、顾博士云俱受知于相国令狐公。顾虽鹾商之子，而风韵详整，罗亦钱塘人，乡音乖刺。相国子弟每有宴会，顾独与之，丰韵谈谐，莫辨其寒素之士也。顾文赋为时所称，而切于成名。”其间所言之顾博士，即咸通十五年（公元874年）中进士，后为高骈淮南从事之顾云，他虽为盐商之子，但因“文赋为时所称”而受知于宰相令狐绹，又因“风韵详整”而得以与其子弟游宴往还，他在未及第前投谒权贵的书启中，亦通称自己为“远携书剑，来拜族旗”的“樱下儒生”，俨然以士人自居。《北梦琐言》卷三载，家以沽酒为业的陈会，及第后，“为白中令女婿”，联姻高门。而为宣宗、懿宗两朝重臣的毕诚，据《旧唐书》卷一百七十七载：“诚谨重，长于文学，尤精吏术。在相位，以同官任情不法，固辞而免，君子美之。子绍颜、知颜，登进士第，累历显官。”盐商之子不仅自己成为宰相，其二子亦登进士第，累为高官，完成了从商人到士人的转变。唐后期商人从科举入仕的情况虽然不够普遍，但它毕竟打破了“士之子恒为士”的旧格局，是赵宋以后“商之子亦能为士”“天下之士多出于商”的新局面的开端。

士人经商的现象也开始出现，所谓士人经商，是指原以读书应举为业的士子改以工商之业为生的情况，而官僚兼营商业的情况，则不包含在其中。唐前期由于士商地位悬殊，士人与商人进行交往尚且不肯，让他们自执工商之贱业，似乎是很难想象的事情。但是到了后期，士人经商的事情在唐人的笔记小说中已屡屡出现。陈秀宏先生在《唐宋时期的“士人经商”现象》一文中指出，“唐宋之际，‘士人经商’现象有逐渐增多的趋势”。《太平广记》卷二十四中记载的萧静之、卷六十五中的赵旭、卷一百六十六中的吴保安、卷二百六十中的李佐、卷三百一十三中的赵瑜、卷四百零三中的魏生以及《宣室志·陆顺》分别记载了士人因落第、穷困、好财等种种原因经商的情况，他们或居市井沽酒卖药或来往于江湖长途贾贩，其中既有累举不第的穷悴士子，也有家世明经的华胄之后。虽然他们经商大多是因仕途不顺而迫不得已，但也有的人是因为贪慕商人生活之奢侈豪华。在经商致富后，他们大都乐而忘返，富以终老，将入仕之事抛在了脑后。关于晚唐士人经商渐多的情形，还可以从晚唐五代词人牛希济的文章中得到佐证，他说："今之世，士亦为商，农亦为商，工亦为商，商之利兼四人矣。"士亦为商的情况，正是士商界限开始逐渐模糊的表现。而士商鸿沟的缩小、士商界限的模糊，与商人入仕现象一道，标示着唐后期商人的社会地位较之前期已有较大幅度的提升。

六、宋朝商人的社会地位

宋朝是一个相对来说比较开放的朝代，由于唐朝的资本积累和整个社会经济水平的稳步提升，宋朝的经济相对来说是非常健康和繁荣的。在这一时期，中国出现了世界上最早的纸币（交子），这一现象的出现也表明了商人角色的重要性和地位的逐渐提高。商人作为必不可少的社会角色在社会发展和贸易中发挥着十分重要的作用，其地位也因为自身的重要性有了质的飞跃，不仅可以和工、农阶级有着同等的地位，甚至在一定程度上和"士"这个一直以来绝对不能触碰的阶级有了可以拼一拼的资本，尽管从根本上来说不能和士阶层抗衡，但是总的来说，商人已经站到了和现当代商人类似的地位。

两宋时期商品经济高度发展，随着商品经济的发展，民事主体的范围随之扩大，主要体现在以下三个方面：

第一，农民获得更平等的主体地位。与唐代相比，宋代无地农民可以依照自愿的原则与地主签订租佃契约，租期届满，农民有权自主决定是否继续租下去，享有租佃和退佃的自由选择权。

地主想卖掉租给农民的土地时，租地的农民是第一顺序的购买人。

第二，宋代以前，奴婢是主人的私人财产，没有民事主体资格，只是"会说话的工具"而已。到了宋代，主人和奴婢之间也要本着自愿的原则签订雇用契约。

雇主要按契约向仆佣支付工钱，仆佣甚至有权控告雇主。所以说原来的奴婢取得了主体资格，不再是“会说话的工具”。

第三，商人比以前获得了更多的权利。社会对商人的歧视有所减少，法律对他们的限制也有所动摇。

在商品生产和服务行业中出现了雇主与雇工这种毫无人身依附性质的新型民事关系，契约期满后，雇工有权自主决定去留，雇主要向雇工支付报酬。

七、元朝商人的社会地位

元朝统治者实行“分而治之”的政策，将国民分为“蒙古人”“色目人”①“汉人”“南人”四个等级，不同等级的人自出生之日起就享有不同的权利，承担不同的义务，这是一种历史的倒退。

元朝的商人大多来自“色目人”，他们在政治和法律上享有仅次于“蒙古人”的优厚待遇，这是元朝社会特有的现象。

元朝政府对于商人采取了保护和鼓励的政策。这种保护和鼓励主要表现在四个方面：一是保护财产安全。元朝开国初期，由于“盗贼充斥，商贾不能行”，政府则采取种种安全措施，在商旅往来的水陆交通要道上“遣兵防卫”。二是积极鼓励通商。元朝政府为了鼓励外地商人到上都（元朝第一个都城，位于今内蒙古自治区锡林郭勒盟）经商，几次“减上都商税”，并对来上都、和林（今蒙古国哈拉和林）等地经商的商人给予“置而不征”的免税待遇。三是免除西域商贾杂泛差役。在大都（元朝第二个都城，位于今北京市），元代燕京的回族商人数目不少，而颇有经济实力、相当活跃。以中统四年（公元1263年）为例，在元燕京的回族商人共有2953户，其中，“多富商大贾势要兼并之家，其兴贩营运，百色侵夺民利，

① 色目人是元代时对来自中西亚的各民族人的统称，广义上讲，一切除蒙古人、汉人、南人以外的西北民族人民都算是色目人。

并无分毫差役”。[①] 四是许多贵族和寺院僧侣经商有免税特权。

元朝政府对商人的优惠政策和经商带来的高额利润，使蒙古贵族、大小官吏、色目人和寺院僧侣纷纷从事商业活动。这些人倚仗政治上的权势，凭借雄厚的经济实力，排挤民间商人，豪夺民利。这些人处于经营商业的特权阶层，也是元代社会拥有巨额财富的大商人。威顺王在湖广“多萃名倡巨贾，以网大利，有司莫敢忤”。宰相桑哥积极从事贸易，家中积累的资财，仅珠宝一项即达当时朝廷内藏的一半。色目人经商致富的特别多，太宗时刘忽笃马“以银五十万两扑买[②]天下差发[③]”。奥都剌合蛮以银四万四千锭扑买中原银课。蒲寿庚“老于海事，拥有海舶甚多”。佛莲拥有海船八十艘，经营海外贸易获利甚多，仅珍珠就有一百三十石，是个有名的回族富商。寺院僧人经商致富的也不少，仅大都的大护国仁王寺在河间、襄阳、江淮各处的酒馆就有一百四十所，可见资本之多。此外，一般商人中也有不少因善经营而成了“腰缠万贯”的富翁。如扬州人张文盛，“家童数百指，北出燕齐，南抵闽广，懋迁络绎，资用丰沛”。韩常“由商贾致富，徙居郡城”。河南人姚仲实，元初迁居大都，去各地经商，“累资巨万”。不仅在中原、江南地区，就是在边远地区，经商致富的也不少。云南福昌、金齿州、秃落蛮州盛产金而少银，马可波罗见到“商人携多银至此易金，而获大利”。周伯琦在上都也看到“诸部与汉人杂处，颇类市井，因商而致富者甚多，有市酒家，资至巨万……”。元代海外贸易十分发达，除贵族官僚经营海外贸易外，一般商人也可以通过经营海外贸易致

---

① 王福革，胡亚楠. 蒙古族传统商业模式变革记［J］. 文史月刊，2013（08）：78－82.

② 扑买：宋元的一种包税制度。宋代对酒、醋、陂塘、墟市、渡口等税收，由官府核计应征数额，招商承包。承包者按定额向官府纳税，超额的归承包人。元沿宋制，但包税范围更大。

③ 差发：蒙元时指赋税徭役。明初西北地区官府令少数民族以马易茶，也称“差发”。

富。如嘉定大场沈氏“因下番买卖致巨富”，杭州张存“起家贩舶”。朱、管两家“补利于海中，致资巨万”。定海夏仲贤经营海外贸易数年，“泉余于库，粟余于廪，而定海之言富者，归夏氏”。

随着经济地位的提高，商人在政治领域也开始崭露头角。特别是蒙古贵族不善于经商和理财，因此对那些“能知城子的体例、道理之故”的商人特别信任并委以重任，许多人在蒙古国和元朝政府中担任重要职务。如回族商人奥都剌合蛮因扑买中原银课，被提拔为蒙古国提领诸路课税所官。阿合马①、卢世荣、桑哥更是青云直上，皆由普通商人升为元朝的宰相。蒲寿庚世代经营海上贸易，南宋时以泉州降元，世祖忽必烈任命他主持泉州市船司工作。朱清、张瑄因创办海运有功，被封为“万户”“千户”，“父子致位宰相，弟侄甥婿皆大官”。元朝不仅中央重臣以商人充任，地方官吏亦大批任用商人。据有关资料的不完全统计，元代回族商人在各朝中书省任职的累计有三十余人，在各朝行中书省任职的累计有六十余人。

除政府重用提拔外，商人还通过多种途径提高自己的政治地位。一是通过向政府进献钱粟而得官。元朝政府把卖官的收入作为解决财政困难的一条重要途径，专门设立机构，公开卖官。如大德十一年（公元 1307 年），始定富民入粟补官之律，“诏富家能以私粟赈贷者，量授以官”。泰定二年（公元 1325 年），“募富民入粟拜官”。至正五年（公元 1345 年），江南富户纳粟补官者倍于往岁……这样，元代地主和商人只要有钱买官，都可以当个或大或小的官。二是交结贵族、官吏而谋取官职。“商贾贱役，皆行贿。”据统计，献妻女姊妹给阿合马来谋取官职的有 133 人，送财物而得官的有 581 人。三是商人为蒙古军引路，立军功而得官。例如，西域

---

① 阿合马（阿拉伯语：أحمد فناكتي、*Ahmad Fanākatī*,？—1282 年），回族人，元世祖忽必烈时的近臣之一，出生于费纳喀忒（今乌兹别克斯坦境内），官至宰相。

大商人札八儿火者长期在西北、中原各地经商，他熟悉中原道路，曾引导蒙古军入关，帮助蒙古军打下了中都（位于今河北省张家口市张北县）。成吉思汗为了嘉奖他的功劳，任命他为“黄河以北铁门以南天下都达鲁花赤”。

元代商人之所以能获得较高的社会地位，这与他们在社会经济发展中所起的作用是分不开的。

八、明清时期商人的社会地位

明清商品经济得到进一步发展，民事主体的范围在宋代的基础上继续扩大，一个显著的突破就是一些大商人开始走上仕途，商人可以做官。“红顶商人”胡雪岩就是一个典型的例子。

明末清初，我国的经济发展达到顶峰，生产力的提高促进了社会繁荣，也促使商人的角色发生了极大的转变。在这种背景下，社会对商人的角色有了新的认知。归玄恭先生在他的《归庄集》中说道：“士之子恒为士，商之子恒为商。严氏之先，则士商相杂，（严）舜工又一人而兼之者也。然吾为舜工计，宜专力于商，而戒子孙勿为士。盖今之世，士之贱也，甚矣！”这段话中说到了四个问题：第一，士和商两者的子孙世代都会继承父辈的身份；第二，严舜工这个人有着两重的身份，可见，在这一时期的士商已经不再是完全没有交集的两个阶级，而是有着重合的部分，进一步表明了士商的界限已经被打破；第三，作者本身倾向于替严舜工选择“专力于商”，更加希望严舜工可以“戒子孙勿为士”，可见，商的身份在一定程度上，在人们的眼里已经超过了士的地位。最后，作者直接表达了“盖今之世，士之贱也，甚矣”的看法，更加看出了士的绝对地位已经被动摇了，这也表明商人的地位已经超过了士的地位，而且就百姓看来，经商是相对于仕途来说更加值得选择的。

清末，我国已经出现了资本主义的萌芽。由于国外的资本主义的思想开始传播到我国，商人这个严格意义上的“四民之末”的地位引起了很多学者的思考，有的提出了“农商皆本”的想法，要求把商业和农业都当作社会经济的根本。典型的代表有王韬，一方面，他提出已经到了通商“越乎境外”的时候，就必须抛弃“重本抑末”的陈腐论调，而应把工商业作为国家之本；另一方面，他明确表达了商业的地位应该置于国家之本的地位，商人的地位应该与其他所有人民一样，具有平等的建设国家的资格和平等的人民地位。而另一位学者薛福则把商人说成是“握四民之纲”的人，更是把商人的角色提升到了一个非常高的位置，处于农业之上，表现了一种资本主义的思想。除此之外，学者郑观应则主张“以商立国”，把“商”提到了整个国民经济枢纽的位置，表现了其对资本主义的深刻思考。鉴于这样成熟的思想，又加上清政府面临的内忧外患的困境，清政府不得不推行“新政”，把发展商业作为挽救政权的方法。尽管作为封建王朝的清政府因其统治基础和阶级性质不可能采纳资产阶级知识分子提出的“商为国本”思想，但仍然不情愿地把商人地位提到更高的位置，即作为政权救世主出现的国本。

农业经济富足而催生的贸易需求促使了商人角色的产生，商人在中国历史上的大多时间里都是“士农工商”的四民之末。随着不同时期经济状况的不同，商人不断改变着自己的位置。他们尽管富有得可以与将相王侯相媲美，却依旧不可衣丝乘车；即使有一腔报国热血和治国之志，也依旧不可以商人身份参加科举考试；即使有才学，依旧不能和君子贤者平起平坐。但是在整个社会的发展过程中，商人的角色地位总的来说一直在因贸易的繁荣程度和商品经济对人民的影响程度而做着相应的改变，最终由于资本主义萌芽的社会现实被提高到一个国本的位置上。

商人源于商品交易，商人的发展离不开商品经济的发展，整个商人的历史就是我国商品经济的发展过程，同时，商品经济的发展史也密切影响着商人的发展史。

在清朝末年出现了商人的组织——商会，商会的出现提升了商人的社会地位和政治地位。晚清政府在1904年颁布的《商会简明章程》中揭开了商会组织发展的序幕，但该章程主要着眼于中外商战及沟通官商关系。鸦片战争以后，列强开始向中国倾销商品，同时掠夺原料。随着不平等条约体系的成型，在夹缝之中萌生的民族经济处于极其不利的竞争环境。在1895年的中日甲午战争和1900年的八国联军侵华战争以后，中国的政治经济门户被完全打开，中外商战更加激烈。在国内，各个行业也需要有集体代言者来沟通官商关系，反映市况商情，争取有利的政策支持。由此，联合以应“商战”，结社以通“官商”，可以说是中国商会成立的最初动力。

九、民国时期商人的地位

国民党政府制定法律时引进了西方先进的法学理论，1929—1931年颁布的《中华民国民法典》对各种民事权利和民事法律关系做出了规定，明确了民事权利主体包括自然人和法人两种，前者是传统意义上有血有肉的人，后者则是法律拟制的人。同时，无民事行为能力人和限制民事行为能力人的民事行为需要得到监护人的确认才有效。

民国时期，商人的商会组织经北京政府及南京国民政府之倡导，渐成为普设于通都大邑和市镇县域的跨行业组织。作为商会基层组织的同业公会则多是在原有会馆、公所基础之上改组而来，自1918年《工商同业公会规则》颁布后亦成为普设性的新式行业组织，由此构成“商会—同业公会—企业”的基本组织构架。值得重视的是，近代虽然大多时期处于动荡之中，也面临着政府独裁式统治的管控，但是以商会和同业公会为主体的工商团体却作为商人群体的集体代言者，广泛参与到政治活动、经济治理及社会事务之中，体现了积极的自治精神和参与意识。

民国初期，因政府财政混乱、接近破产，新一代商人们决定“在商言政”，建立“民治”政府。但在一阵喧嚣过后，手无寸铁的商人发现根本没能力实现自己的主张，“商人政府”也无疾而终。当时舆论公认上海总商会民治委员会是商人政府的雏形，毛泽东得知上海总商会民治委员会成立后，在《向导》周刊上发文，赞扬民治委员会是“商人干预政治的第一声”。

南京国民政府成立之后，商会的独立性、政治参与度以及作用、地位已大为削弱。

十、现代商人的地位

中国现行宪法和民事法律明确规定，公民的民事权利能力一律平等，而且公民自出生时起到死亡时止，依法享有民事权利，同时需要承担相应的民事义务。法律规定 18 周岁以上的公民是成年人，具有完全民事行为能力，有权独立地按照自己的意识进行民事活动，例如享有婚姻自由权等。

在 1949 年后，商会组织被改造为工商联组织，并被纳入党的统战体制及政府经济管理体制之中，成为协行党政、政治统战和厉行改造的重要助手。但在社会主义改造完成之后，工商联组织的经济职能被弱化，对工商业者进行政治宣教成为工作主轴。在“文化大革命”时期，工商联组织涣散，会务多遭停顿。

在改革开放之后，工商联组织大量吸收非公有制经济人士成为会员，组织活力逐步恢复，在贯彻党政重要决策、代表工商界参政议政等方面发挥了重要作用。

十一、小结

本节主要讲述商人历史地位的变迁，从历史角度看，商人地位的起起伏伏大多与统治者有关；除此之外，经济的发展和社会的进步也可以提升商人的地位。虽然，人们普遍认为商人不事稼穑，不从事生产，但是他们的存在是社会的需要，经济越发达，人们越离不开商人，这就是商人历经磨难却经久不衰的原因之一。

第三节 启示

商人的由来和其社会地位的变迁为经商者提供了很多值得借鉴的经验，作为商人必须弄清楚自己与公权力的关系以及商人社会影响力的实质。

一、商人与公权力的关系

公权力和私权利就像一个圆的内外空间，尽管圆的直径不断扩大，但其内部的面积依然是有限的；尽管外部空间不断被日益扩大的圆所挤压，但它仍然是无限大的。这就是说，对于公权力来讲，法无授权即为禁止；而对于私权利来讲，法无禁止即为合法。

目前我国的权利（力）状况是公权力强、私权利弱，公权力经常侵犯私权利，因此我国应当明确划分公权力与私权利的界限，运用法律协调公权力与私权利的关系，同时应发挥社会组织在公权力与私权利冲突中的润滑剂作用，以适应市场经济的发展和构建和谐社会的需要。

经商者，通俗地说就是商人，主要通过提供产品或服务赚取利润，同时追求利益最大化。商人追求的私利是受到公权力制约的，公权力是为维护和增进公义而设的权力，它来源于私权利，是私权利实现的手段与保障。公权力有利于保障个人权利的实现和促进社会的文明与进步。因此，商人的私权利不能凌驾于公权力之上。

从我国目前公权力与私权利的配置情况来看，二者的矛盾与冲突主要是公权力对私权利的侵蚀所致的公权力的过度膨胀与私权利的过度萎缩。所以，实现公权力与私权利的平衡并以此为基础构建和谐社会的关键在于有效控制公权力的过度膨胀，培育私权利的独立力量。

二、商人社会影响力的实质

商人阶层对社会的影响力来源于商人手中的财富，就是俗语说的“有钱能使鬼推磨”。

商人通过财富影响社会的路径有两条：一是直接影响，即商人通过投放和使用手中的资金，以及把控商品的价格来对社会产生一定的影响；二是间接影响，即商人用财富支持政客，通过其所支持的政客对政治产生影响进而间接影响社会。

作为一名商人，要深刻地认识到自己之所以能够对社会、经济，甚至对政治产生影响，是因为自己掌握了大量财富，所以切莫妄自尊大。

第三章
商与道

第一节　道

道的原始含义为“道路”“坦途”，后来逐渐发展为“道理”。这一变化经历了相当长的时间。《易经》中有“复自道，何其咎”（《小畜》）、“履道坦坦”（《履》）、“反复其道，七日来复”（《复》），其中的“道”都为道路之义。

《尚书·洪范》中说：“无有作好，遵王之道；无有作恶，遵王之路。无偏无党，王道荡荡；无党无偏，王道平平；无反无侧，王道正直。”这里的“道”，已经有正确的政令、规范和法度的意思，说明“道”的概念已向抽象化发展。

春秋时，《左传》曾有“臣闻小之能敌大也，小道大淫。所谓道，忠于民而信于神也”和“王禄尽矣。盈而荡，天之道也”之说，这里的“道”是规律的意思，这表明道的概念已逐步上升到哲学范畴。

到了春秋后期，老子最先把道看作宇宙的本原和普遍规律，成为道家的创始人。在老子以前，人们对万物的根源只推论到“天”，至于“天”还有没有根源，并没有涉及。到了老子，开始推求“天”的根源，并由经提出了“道”。他认为，天地万物都由道而生，“有物混成，先天地生。寂兮寥兮，独立而不改，周行而不殆，可以为天地母。吾不知其名，强字之曰道，强为之名曰大。大曰逝，逝曰远，远曰反”。

道，自然也，自然即是道。“道”是中华民族认识自然的方式，是万事万物的运行规律。

一、道字本身

“道”是“導”（导）的本字。道，甲骨文由（行，四通的大路）和（人，行者）组合而成，表示一个人行走在路上。金文用“首”和“止”代替甲骨文字形中的“人”，“首”表示动脑筋；“止”表示行走，表示且思且行。有的金文用“又”（抓）代替“止”（行走），表示牵拉引路。有的金文用由“爪”（抓）、“又”（抓）、“曰”（说明）构成的代替，强调“牵引、说明、向导”的含义。篆文综合金文字形，省去“又”和“曰”。造字本义：动词，向导、带路，给不知方向的人引路。隶化后楷书道将篆文字形中的“辵”写成“走之底”；将篆文字形中的写成首。

二、道的含义

什么是道？道，无形无象，无声无嗅，大而无外，小而无内，却是产生和主宰天地万物的存在。道，在不同的宗教和经典里，叫法不一，但本质指的都是“道”。

道是产生一切形式的根本，也是主宰一切形式的根本。人们唯有去除一切的形式，才能够见道，此谓“为道日损”。可惜的是，当今大多的修道者和学术研究者，不是“为道日损”，而是“为道日增”，总想通过有为的方式和形式上的手段来认识和了解大道，如此只能背道而驰。

道是过程，这是道的第一层含义。道不仅是对万事万物的系统性、整体性的概括，也是对万事万物发展过程的高度抽象。道不是一种静态的形而上实体，而是一个过程。道的过程性表现为“道生万物”，即老子说的“道生一，一生二，二生三，三生万物”。这句话是说，道转化为一，一转化为二，二转化为三，三转化为万物。在这一过程中，道循环往复，“周行而不殆”，它的运动周期是“大曰逝，逝曰远，远曰反”，它逐渐地离开，离开得越来越远，远到一定程度又返回来，万物又复归于道。

道是本原，这是道的第二层含义。道是天地万物之母，“无”和“有”都来自道，是从道的不同角度理解的名称。这是最为玄妙和深奥的。道是万物的本体，天地万物都由道演化而来。道作为本原，是浑然一体的。老子指出：“无，名天地之始；有，名万物之母。”“玄之又玄，众妙之门。”“玄牝之门，是谓天地根。”“天下有始，以为天下母。”就是说，道是天下万物的本原，这里“始”“母”“根”“门”等都含有本原的意思，但是，它们有层次的区别。作为本原，它具有唯一性，它无前无后，无上无下，“吾不知谁之子，象帝之先”，我不知道“道”是从哪里来的，盘古开天辟地前就有了；“有物混成，先天地生”，在没有天地之前，“道”就存在了。作为本原，它是物质的东西，“道之为物，惟恍惟惚”。

道是规律，这是道的第三层含义。道是物质运动的规律，道是天地万物变化的终极原因。老子指出：“道者，万物之奥。”就是说，道是万事万物运动的规律。道是普遍存在的，“大道泛兮”，道存在于一切事物之中，贯穿于一切事物发展过程的始终。万物起源于道，又回归于道，“各归其根。归根曰静，静曰复命。复命曰常”，回归本性是事物发展的永恒规律。作为规律的道，是看不见、听不着、摸之不得的，即“夷、希、微”。道是“无状之状，无物之象”，一切都受到它的支配和制约。道的规律是不可抗拒、不能违反的。只有遵循道的规律，坚持“无为”的原则，才能把事情办好。否则，“物壮则老，是谓不道。不道早已”，违背了规律要受到规律的惩罚，下场是极其可悲的。

道是法则，这是道的第四层含义。老子把道视为必须遵循的法则，他说，“故从事于道者同于道”，要求人们坚持、遵循道的法则。他还说，“执古之道，以御今之有。能知古始，是谓道纪”，意思是要遵循自古以来的法则，去理解现实，以认识历史的规律，这就是遵循道的法则的具体表现。废弃了道的原则，才需要有仁义，“大道废，有仁义”，老子主张“唯道是从”“贵食母”，即要坚持道的法则，按道的法则做事。道也是观察事物的永恒法则。“自古及今，其名不去，以阅众甫。吾何以知众甫之状哉？以此。”老子自己就是以道的法则来观察万事万物的。老子认为，人们对道的法则的态度是有区别的，“上士闻道，勤而行之”，上士能够坚持道的原则，而且身体力行；至于“中士”和“下士”，肯定是相形见绌了。“孰能有余以奉天下？唯有道者。”坚持道的原则的人，才能把自己奉献给社会。是否按道的原则办事，结果是不一样的。“天下有道，却走马以粪；天下无道，戎马生于郊。”坚持道的原则，天下和平安定；放弃道的原则，则会陷入兵荒马乱之中。按道的法则去做，道会成全你，“同于道者，道亦乐得之”。最后，道的原则是最高原则，而且有很高的价值，“天之道，利而不害”。

三、小结

道是规律，是事物运行、发展、变化的秩序和轨道。不过广义的道既包括规律，有时也指方法和路径，比如经营之道既可以理解为经营的规律，也可以理解为经营的方法。

第二节　商与道

前面两章介绍了商业的产生与发展以及商人的由来与地位变迁，通过阅读前面两章的内容我们可以知道商业发展是有规律可循的，商人地位的变化也是有原因的。有因果、有规律就证明其中蕴含着“道”。因此，我们说商中蕴含着道，道可以指导商的运行。

一、道中有商，商中有道

清朝年间的徽商舒遵刚，精算计、善权衡，经商之暇喜读“四书五经”，常把书中的义理运用于经商之中。他曾说：“钱，泉也，如流泉然。”他还说：“对人言，生财有大道，以义为利，不以利为利，国且如此，况身家乎。”徽商舒遵刚把书中的义理运用于经商，说明道中蕴含着经商的道理，即“道中有商”。

商人李大皓告诫其继承者“财自道生，利缘义取”，并以此严于律己，做到视不义富贵若浮云。这说明了“商中有道”，即商业经营也孕育出了很多做人的道理。中国的商业活动经过千百年的发展，给我们留下了很多宝贵的经验。

二、得道多助，失道寡助

经商如果背离了道，那就会走向歧途。改革开放以来，中国的经济得到了长足的发展，商业的发达和经济的繁荣使商人的地位提升到了前所未有的高度，人们的思想也受到了极大的冲击。很多人把拥有财富的多少作为衡量个人成败的唯一标准，而作为衡量财富尺度的金钱则得到了人们空前的崇拜，拜金主义者越来越多，从事商业活动则是赚钱的重要途径之一。正因如此，有人居然提出“学而优则仕，仕而优则商”，这句话完全颠覆了中国的传统思想。在中国古代很长一段时间里，人们对社会职业的排名是“士、农、工、商”，“士”排在第一位，而“商”排在最后。现在因为商人能赚到钱，所以很多人认为商优于士了。人们思想观念的改变和对金钱的崇拜导致一部分人想尽一切办法赚钱，可是由于缺少正确的商业理念作指导，少数人为了钱不择手段、抛弃道义，其结果是出现了地沟油、苏丹红、三聚氰胺等造假事件。假冒伪劣产品几乎随处可见，坑蒙拐骗事件也是层出不穷。商业行为的不规范，特别是涉及民生产品的不良行为直接影响了社会的和谐与稳定。这种“利字摆中间、道义放两旁”的现象是多数人不愿意看到的。因此，笔者提出“义商论”，试图通过树正气、压歪风的手段恢复社会良好的商业秩序。

经商是不可以背离道义的，背道而驰是不能取得成功的。唯利是图、不顾道义就会出现假冒伪劣产品，假冒伪劣产品只能蒙骗大众一时，不可能长久。

孟子说：“得道者多助，失道者寡助。”商业经营也是一样的道理，用现代语言说就是得到消费者支持和信任的企业就会蓬勃发展，消费者不支持、不信任的企业就难以发展。知道、明道、守道的企业就是得道的企业，他们会得到消费者的支持和信赖，他们的生意也会越做越好。反之，那些不顾道义的企业是失道者，会遭到众人的唾弃，他们的生意也很难长久。

三、商人要去悟道

企业或个人要想把自己的生意做大做强，不能没有理论支撑。纵观古今中外，百年老店和具有一定规模的企业都有自己的文化和经营之道。要想做大、做强、做得长久，必须有一定的思想支撑，我们常称之为企业文化。创建阿里巴巴的马云也说过：“任何一套商业体系的背后都有强大的文化做支撑。”

任何学科的最高境界都要上升到哲学层面，商业也一样，商人要想做大做强自己的企业，需要哲学做支撑。我们中国人说的“道”，用西方学的观点来分析，它属于哲学的范畴。因此，商业经营需要哲学支撑，就是需要“道”的支撑。

经商水平很高的商人往往是那些参悟了商道中的某一要点，之后按照自己所领悟的道去经营的。几乎所有的百年老店都有自己的企业文化，而他们的企业文化多数是创始人或几代人领悟出来的经商之道，正是这些道理的传承才支撑了百年老店的持续经营。例如，“江南药王”胡庆余堂，是清末“红顶商人”胡雪岩于1874年（清同治十三年）创建的，地处杭州历史文化街区清河坊，是国内保存最完好的晚清工商型古建筑群，是徽派建筑风格之典范。整个建筑宛如一只仙鹤，栖居于吴山脚下，寓示着“长寿”。恢宏的建筑，辉煌的大厅，精湛的雕刻，以及它特立独行的经营格局至今风貌犹存。一百四十多年过去了，胡庆余堂国药号始终秉承“戒欺”的祖训、“真不二价”的经营方针，已成为保护、继承、发展和传播中国五千年中药文化的重要场所，是杭州人文历史文化不可或缺的重要组成部分。

四、无道的商人需要教化

有调查显示，我国的民营企业平均寿命只有三到五年，很多人也认可这个调查结果。一些商人在生意做到一定规模后就开始迷茫，个别人甚至开始为非作歹。因此，需要有一个正确的理念来引导他们的思想和行为。孔子周游列国至卫国，学生冉有随行。孔子看到卫国人多，赞叹曰：“庶矣哉!”冉有问他，人多以后要做什么，孔子曰：“富之。”冉有再问，已经富了以后还要做什么，孔子曰：“教之。”

这里所说的无道商人指的是那些自己没能力悟道的或暂时未悟道的商人以及那些误入歧途的商人。当然，最需要教化的是已经误入歧途和即将入歧途的商人。

“教化”与“教育”虽仅一字之差，但教化之感染力却远非教育可比。教化把政教风化、教育感化、环境影响等有形和无形的手段综合运用起来，既有政策支撑，又有行为引导，还有立功德碑、立典型、树楷模、印发通俗读物等多种形式；既向人们正面灌输道理，又注意结合日常活动，使人们在潜移默化中达事明理，其效果要比单纯的教育深刻而又有效得多。

正因为如此，自古以来有见识的政治家都十分重视教化的作用，把教化当作正风俗、治国家的重要国策。《礼记·经解》中记载：“故礼之教化也微，其止邪也于未形。”西汉贾谊把教化比作阻止洪水的堤防：“夫万民之从利也，如水之走下，不以教化堤防之，不能止也。是故教化立而奸邪皆止者，其堤防完也；教化废而奸邪并出，刑罚不能胜者，其堤防坏也。古之王者明于此，是故南面而治天下，莫不以教化为大务，立太学以教于国，设庠序以化于邑，渐民以仁，摩民以谊，节民以礼，故其刑罚甚轻而禁不犯者，教化行而习俗美也。”

对于那些将利字摆中间、道义放两旁，为了谋利而不择手段的商人，我们除了用法律约束和制裁他们之外，更重要的是对他们进行教化，这是使其改变不良行为的根本方法。

五、小结

本小节主要论述了商与道的关系，核心思想是“道”在经营中的重要性。万事万物都有自身运行的规律，那么商业活动也自然有其运行规律。商道有两个层次：一是浅层次的“道”，即方式方法，主要是经营的方法和策略；二是深层次的“道”，即规律和准则，是经营背后的道理。浅层次的“道”告诉人们怎么做，深层次的“道”告诉人们为什么这样做。理解了浅层次的“道”可以小富，理解了深层次的“道”可以实现精神物质双丰收。

中篇　商道

商　道　启　蒙

第四章
入商之道

改革开放以来，经商的人越来越多。2014 年 9 月，国务院总理李克强在夏季达沃斯论坛上提出，要在中国 960 万平方千米土地上掀起“大众创业”“草根创业”的新浪潮，形成“万众创新”“人人创新”的新态势。“大众创业、万众创新”的提出无异于给想要经商的人打了一针强心剂，掀起了新一轮的创业经商浪潮。但是，现实生活中不是每个人都具有创业创新能力和经商条件的。那么，什么人适合经商？什么时机经商最好？经商应具备哪些条件？如何进入商业？进入商业后是否有规律可以遵循？

第一节　商业素质

从事商业活动的人需要具备一定的商业素质，小到街边的小商贩，大到跨国公司的经营者无一例外。小商贩应具备的基本素质是吃苦耐劳的精神和一定的专业能力；规模较大的企业的经营者，除了具备以上基本素质外，还需要有虚怀若谷的胸襟等。总之，无论是小买卖还是大生意，要想成为一名成功的商人，自身需要具备良好的商业素质。

一、智慧

商人需要有一定的智慧。要想成为一名成功的商人，不仅要有洞察商机的智慧和能力，还要有经商的头脑。

做生意需要小聪明，更需要大智慧。有这样一个有关大智若愚的小故事：有一个年轻人在北京做小买卖，批发雪糕和冷饮。他特老实，还有点“笨”，经常会赠送一点商品给顾客。他是这么想的：大多数人都是喜欢占便宜的，那些得了便宜的人一定会经常光顾自己的小店，自己从他们那里赚到的钱一定会远远超过自己赠送所造成的损失。这个小故事中的年轻人无意中参悟了大智若愚的道理，他表面上失去了一点利益，却赢得了更多的回头客和利润。

经商需要智慧，智慧不是天生的，是可以靠后天努力习得的。

二、吃苦耐劳的精神

经商除了要具有智慧之外，还要有吃苦耐劳的精神。无论是做大生意还是小买卖，都不能缺乏吃苦耐劳的精神。做大生意需要付出脑力劳动，思考怎么赚钱；做小生意不但要思考怎么赚钱，可能还要付出一定的体力劳动。有一些做小本生意的人几乎一年都不休息，风里来雨里去，生活没有规律，例如卖蔬菜和卖小吃的小商贩，他们都要起早贪黑地工作。没做好思想准备的人，最好是考虑清楚之后再去创业。

三、良好的品德

小财靠智，大财靠德。纵观古今中外，在商业上取得巨大成就的人大多都是品德高尚的人。没有良好的品德做支撑，生意很难做大。当今社会，很多企业都在做公益事业，都或多或少地做过一些善事。企业为什么要这么做呢？其实它们是在树立企业的良好形象，是在向世人证明自己的企业有公德心、有良心。

具备良好的品德是成就大业和做大生意的必备条件之一，人们都愿意和品德高尚的人交往，都喜欢和德行优良的人做生意。以德为先、以德治店，经商者应当具备良好的品德，恪守商业道德，文明经商，树立良好的社会形象，这是企业做大做强的前提。

四、执着的追求

执着的追求和对成功的渴望是一个人做成生意的重要条件之一。很多事情都不是一帆风顺的，经商更是如此，商业活动中难免会遇到困难和挫折，要想成为一名成功的商人，执着的追求是其必须具备的精神。做生意要有一种不达目的誓不罢休的精神，遇到挫折就后退是无法取得成功的。

经商具有不确定性，也就是说经商是有风险的。做生意不可避免地会陷入低谷，但一旦选择了经商就要咬定青山不放松，甚至要做好破釜沉舟、背水一战的准备。笔者年轻时候也做过生意，但是没有做成功，如今回过头来仔细想一想，就是缺乏执着的精神。

五、识人的能力

当今社会，商业诈骗行为较多，生意场上一不小心就有可能上当受骗。因此，做生意要有识人的能力，要能够分清哪些人可以合作、哪些人不可以合作，哪些人可以赊欠、哪些人不能赊欠，哪些人值得信任、哪些人不值得信任。

现在，很多人做生意都采用股份制模式。团结就是力量，创业找合伙人很正常，但是，在选择合伙人时万万不能马虎。创业之初选择合适的合伙人需要有超凡的识人能力；企业正常运营也需要人才作为支撑，寻找合适的人才更加需要识人能力。作为商人，识人用人能力如何，直接关系到企业的发展前途是否光明。

六、交际能力

作为一名商人，从事商业活动要和方方面面的人打交道，所以需要有较强的交际能力。做生意离不开人际关系，处理好人际关系是进行商务活动的关键环节。商人必须坚持“友善处世，真诚待人”，良好的人际关系可以为商人带来意想不到的收获。

七、小结

本节介绍了商人应具备的商业素质，拥有这些素质是经商的基本条件。如果你具备了商人应有的商业素质，说明你是个适合经商的人。

第二节　经商的条件

经商需要具备一定的条件，具备了经商的条件就说明经商的时机到了；如果不具备经商条件，想要经商，那么就需要想办法创造和完善经商条件。

一、商机

其实，经商并不是一定要有大量的资金和丰富的经验，比起资金和经验，更重要的是抓住商机。回顾历史，1900—1950 年，世界的主旋律是战争，除了美国，其他地方都在打仗，所以这一时期战争物资的生意最红火。1950—1990 年的主旋律是和平和发展，以经济建设为主，这一时期日本、意大利、德国这些战败国经济迅猛发展。美国和苏联却在进行军备竞赛，美国提早发现了问题并转型成功，而苏联发展经济滞后一些，结果不言而喻。20 世纪 70 年代，我国在邓小平的领导下开始进行经济建设，中国经济得以快速发展。在那时的中国，哪怕一个很小的个体户，只要坚持下来就能成功，不管你做什么，不管你有没有资本和经验，只要做生意几乎都可以赚到钱。1990 年到现在以及未来的很长一段时间，时代的主旋律仍然是经济建设以及学习和创新。只要你能紧跟时代的步伐，就会有成功的机会。国家经济政策的出台一般都预示着未来经济的发展方向，什么行业有前途，哪些行业可以进入，都可以从国家政策中一窥端倪。

商机是无处不在、无时不有的，关键是找到适合自己的商机。中国人经商的历史源远流长，商业文化博大精深，有关商业机会选择的谋略也很多，下面列举一二，仅供参考。

（一）知地取胜，择地生财

《孙子兵法·地形篇》云："夫地形者，兵之助也。料敌制胜，计险厄远近，上将之道也。知此而用战者必胜，不知此而用战者必败。"可见，地形对作战而言极为重要，为将者不可不察也。经商如作战，商场如战场。经商者如指挥千军万马之将帅，拥有智慧的将帅往往会通过占据有利的地形来取得战争的胜利，春秋战国时期大谋略家范蠡深谙此道。他认为陶地"天下之中，诸侯四通"，是理想的货物贸易之地，遂选陶地为自己经商之地。果然，十九年间他三致千金，成为世贾，"陶朱公"的美称也由此而留名青史。《史记·货殖列传》中记载了这样一个故事，秦国灭了赵国以后，实行移民政策，当时许多人贿赂官吏，不愿搬迁，要求留在原地，唯独富商卓氏要求迁往较远的"纹山之下"，因为他看中了那里肥沃的土地、丰富的物产和淳朴的民风。他认为那里的居民热衷于买卖，有利于商业活动。几年后，卓氏成了远近闻名的富商。这种"不惟任时，且惟择地"的观念已为后世商人所认可。

（二）时贱而买，时贵而卖

"时贱而买，虽贵已贱；时贵而卖，虽贱已贵。"强调商人要善于捕捉商机，把握时机。商业的利润源于买卖的差价，一旦发现买卖的时机到了，就要当机立断。魏文侯时，国人注重农耕，而白圭却注重把握时机。粮食丰收时他买进谷物，卖出丝漆；待蚕丝上市时，他就大量收购蚕丝，售出粮食。他曾说："我做买卖，就像伊尹和姜太公那样有计谋，如孙膑和吴起那样善于判断，还能像商鞅执法那样说到做到。有些人的智慧不能随机应变，其勇敢不能当机立断，其仁爱不能恰当地取舍，其倔强不能坚持原则。所以，这种人跟我学经营之道，我也不会教他。”这段话把他掌握贱买贵卖时机的“时断”与“智断”阐述得淋漓尽致。白圭的经商原则和经验都为后世商人所称道。他凭着自己的这套经营谋略，精心经营，最终家累千金。

（三）见端知末，预测生财

春秋时期的越王勾践，为雪亡国之耻，终日卧薪尝胆，励精图治。当他得知吴国大旱时，遂大量收购吴国粮食。第二年，吴国粮食奇缺，民不聊生，饥民食不果腹、怨声载道，越国趁机起兵灭了吴国。苦心人，天不负，越王终成霸业，跻身“春秋五霸”之列。这里越王勾践做的是一桩大买卖，他获得的不是金银财宝，而是一个国家。越王通过收购粮食来打击吴国，这是商贾之道在政治中运用的典范。《夷坚志》载，临安城失火，一位姓裴的商人的店铺也随之起火，但是他没有去救火，而是带上银两，网罗人力出城采购竹木砖瓦、芦苇椽桷①等建筑材料。火灾过后，百废待兴，市场上建房材料热销缺货，裴氏商人趁机大发其财，赚的钱远多于店铺所值之钱，同时也满足了市场和百姓的需要。所以，敏锐的观察力和准确的判断力是经商者财富永不干涸的源泉，也是经商者必备的能力之一。

二、资金

做生意肯定需要钱，《韩非子·五蠹》中记载：“鄙谚曰‘长袖善舞，多钱善贾。’此言多资之易为工也。”这里强调了一个“善”字。资金不

---

① 椽桷，读音是 chuán jué，泛指椽子。

足，必须善于使用，唯有实现资金与商品的流通，才能使利润滚滚而来。对待商品要做到“务完物”，即贮藏的货物要完好，“腐败而食之货勿留”；处理资金要做到“无息币”，即货币不能滞压，“财币欲其行如流水”，货币和商品流通了，买卖就活了。

资金雄厚可以做资金需求量大的生意，资金不足可以做资金需求量小的生意，钱多钱少不是大问题，关键是要会运用资金。

三、人员

做生意离不开人，除了你自己以外，还需要有合作伙伴和员工以及相关朋友的支持和帮助。在中国，企业创业之初一般都是和亲戚朋友合作，发展壮大后再逐步引进人才。

目前，比较受大众推崇的是合伙经商，就是找合伙人共同做生意，而古人认为合伙生意不好做，主要原因是容易产生利益矛盾。因此，合作之前要制定好各项规章制度，关键是约定好利润如何分配、亏损如何分担等。

四、合适的项目

好的项目很多，关键是要找到适合自己做的项目。在古代，选择项目一般遵循“做小不做大，做近不做远，不熟不做”的原则，现代社会则流行用SWOT（态势分析法）等分析工具进行分析。什么项目是好项目呢？能赚钱、有前景且你又能做好的项目就是好项目，但前提是不要违法。只要是为人们提供方便、为大众服务的项目，都是可以做的项目。

五、小结

本节和上一节实际上都是在讲经商的条件，上一节强调的是经营者自身的因素，这一节则侧重于讲解资金和环境因素。中国传统观念认为要想做好一件事要满足天时、地利、人和三个条件，商业也是一样，只要天时、地利、人和三个条件都满足了，事情十有八九会成功。

第三节　经商的路径

当下，我国大力倡导大众创业，所以经商成了时代的主流。不过，创业经商不是谁都可以做的事情，创业撞得头破血流的大有人在，真正能够成功创业的人并不多。那么怎么样才能保证自己创业成功呢？经商的路径有哪些呢？

一、从学徒到掌柜

从学徒开始进入某个行业，等待时机成熟自己独立做生意，这是比较顺畅和科学的经商的路径。我国有很多成功的商人都是从学徒开始的，比如“红顶商人”胡雪岩，他从钱庄的跑堂伙计做起，最后成为富可敌国的商人。现代社会已经不太流行做学徒了，不过进入新的行业或单位还是会有老员工来带一带新员工，这种以老带新的模式也称为“现代学徒制”。在自己做生意之前最好去企业锻炼一下，比较好的方法是进入企业做业务员。

（一）从业务员做起

业务员这一职业看起来什么人都可以做，可是真要做好却又不容易。自己想要做生意，最好先从业务员做起，先到你打算进入的行业去做业务员，等待时机成熟自己再独立做。业务员创业的最大优势是有客户资源，客户是企业的重要资源，当一名业务员的客户积累到一定程度后就可以支撑起一个小企业的运转，而且，做业务员可以很快地了解行业状况和市场情况，所以有不少创业者是从业务员做起来的。

（二）从普通员工做起

有一些行业需要从业者具备一定的技术知识，想进入这类行业可以先从车间工人做起，逐步掌握全套技术之后再自己做老板。

李嘉诚曾经在其舅父庄静庵的中南钟表公司当过泡茶扫地的小学徒，也在高升街的一间钟表店当过店员，做店员时学会了钟表装配和修理技术。还曾经在一家五金厂当推销员，经历了被香港人称为“行街仔”的推销生涯。

二、加盟

选择优秀的企业加盟是自己做生意的捷径之一。加盟比较容易，只要有足够的资金就可以了，至于怎么运作都有人教你去做，关键是选择好的企业加盟。社会上有很多不正规甚至是以骗钱为目的的加盟项目，注意别上当受骗。

三、接手现成的生意

接手现成的生意主要是指可以直接接手别人转让的企业或店铺，并将生意接着做下去。

四、创业

创业是当前比较流行的经商的路径，不过创业需要做很多准备。很多人都想创业自己做老板，其实创业是很艰辛的，特别是对于基础不好、没钱又没技术的人而言。

（一）项目的选择

很多人问我什么样的项目适合创业，我一般都是这样回答：“为别人提供方便和为人民服务的项目就是好项目。”经商创业的前提是发现商机，看哪里有不方便，你去解决问题；哪里需要服务，你去提供服务，其实就这么简单。

当然，现在做生意的人很多，寻找全新的商机比较难。你想到的，别人早想到了；你没想到的，别人也想到了，等你想到了别人早发展起来了。

“攻而必取者，攻其所不守也。守而必固者，守其所不攻也。”对于这句话很多人不理解，有人说这句话应该是“守而必固者，守其所必攻也”。对于古书的字句的理解只能仁者见仁，智者见智，因为原作者的真实意思已经无从考证了。根据这句话，我们可以认识到，要想经商创业，就要不达目的不罢休（攻而必取），选择别人不注意的或者别人不在意的生意去做（攻其不守）。一旦选定了经商的方向，就要坚守到底，付出所有的精力去做（守而必固），别人想不到的地方自己也要不遗余力地做好（守其不攻）。

在创业的时候能够选择别人没做的或者别人做不了只有你能做的项目来做，当然是最好的，但是那几乎不可能。所以我们尽量选择竞争压力不大的或者别人不在意的项目去做，这样就容易成功。

举个例子，德国有一家很有创意的瓦尔公司，这个公司靠经营厕所赚钱，利润颇丰。在中国说到经营厕所赚钱，大家一定觉得是收费厕所。但即使是经营收费厕所赚钱，估计很多人仍然不屑于做这种生意，而瓦尔公司的厕所不但是免费的，而且还有大量的清洁工打扫厕所卫生。这样的生意谁会做？这就是“攻其不守”，没人愿意做的你来做。免费公厕这个生意既符合我所说的为人们提供方便，又符合为人民服务。在德国，政府对公厕的规划十分严格，他们规定：城市繁华地段每隔500米应有一座公厕；一般道路每隔1000米应建一座公厕；其他地区每平方千米要有2～3座公厕；整座城市拥有公厕率应为每500～1000人一座。

后来被称为“茅厕大王”的汉斯·瓦尔发现了其中的商机。在1990年的时候，他看到柏林市公厕经营权在拍卖会上无人问津，于是他果断将其拍下，承诺在缴纳少量管理费的情况下，免费为城市修建公厕。他向政府做出承诺：“你把这个厕所包给我，我敢接，而且承诺免费提供。”就这样，他将柏林所有公厕的经营权划入囊中。当时的竞争者并不多，很多企业都不看好公厕市场，因为他们认为无利可图，甚至有亏本的可能。汉斯·瓦尔却看准了这次机会，实际上他早就想好了，他看中的当然不会是0.5欧元的如厕费，而是将遍布柏林城市的公厕编织成一张高密度的广告展示网络。

公厕位置的优越性帮了瓦尔公司大忙，一方面，瓦尔的公厕大多出现在人流量极大的机场、火车站、旅游景点和商业街等繁华地段；另一方面，正如上文提到的，德国公厕密度之大让广告主的广告曝光得更加集中。但仅仅依靠厕所外墙体广告，瓦尔公司是无法达到千万欧元收入级别的。瓦尔公司继续突发奇想，在用户体验方面不断创新，开发出额外的盈利点，他们将内部的摆设和墙体也作为广告载体。瓦尔公司同周边餐饮机构合作，用户如厕之后还能获得餐券，而瓦尔公司又能得到相应的返利，他们的公厕甚至成为附近餐厅的流量入口之一。而考虑到德国人上厕所时有阅读的习惯，他们甚至把文学作品与广告印在手纸上。

此外，瓦尔公司在其厕所内安置了公用电话，可以从通信运营商获取一定的提成。国际运通卡组织也是他们的合作对象，持卡者可以用卡消费，这样瓦尔公司又有相应收入。

互联网上会员的模式也被瓦尔公司运用到旗下公厕。他们修建了一批收费高档厕所，提供个人护理、婴儿尿布，还有擦拭皮鞋、后背按摩、听音乐、阅读文学作品等服务。

为了让厕所更显个性，瓦尔公司还专门请来意大利、日本的著名设计师，按照不同的风格和外形设计出“智慧型”“挑战型”等类型的厕所。

这些高端厕所提高了瓦尔公司厕所的总体形象。以至于瓦尔公司遍布柏林的厕所成为游客到柏林旅游的必去之处，甚至诞生了柏林“厕所游”的项目。

（二）时机的选择

创业的时机也很重要，我国改革开放之初是国人创业的大好时机，当时很多做小生意的人后来都赚了很多钱，有不少小商户发展成了颇具规模的企业，这样的时机实属难得。不过眼下也是创业的好时机，国家提倡“大众创业、万众创新”，国家政策的大力支持为人们创业提供了方便。不过现在创业的人越来越多，竞争也越来越激烈。对于个人创业而言，关键在于时机是否成熟，时机成熟时就是你创业之时。

当下就业形势日益严峻，创业的潮流来得更迅猛。创业者在创业之前应该了解创业机会，学会怎么去识别、发现、把握和选择创业机会。更重要的是，能根据自身的条件，筛选出最适合自己的机会，并且找到理想的创业思路，及时地去实现它。

（三）地点的选择

互联网的大发展和科技的进步使得经商地点的选择似乎不是太重要了，因为电子交易几乎突破了地域的限制。因此，线上创业应当是创业的首选，不过也不能只局限于网络，要根据项目的特点进行选择。

实体店在选址之前，创业者首先要明确自己的经营范围和经营定位。一般来说，创业者可选择以下几类地点来经营实体店。

（1）商业活动频繁或商业活动历史悠久的街区。这些位置往往寸土寸金，高租金增加了经营成本，也增加了经营压力和风险。创业者须好好盘算，究竟能否做得起黄金位置上的生意。

（2）人口流动大的车站。这一地段有一个特点，即人员流动性较大，人们往往愿意购买当地有特色的商品。这一地段适合经营餐饮店、便利店、旅游用品店或纪念品店等。

（3）人口密度大、人口多的居民小区。由于有人口的绝对优势，各种类型的店铺在这里都有立足之地，人口集中的地段，其需求也多种多样。只要你能紧紧抓住“回头客”，重视服务和质量，生意大多比较稳定并有钱可赚。

（4）同行聚集的街道、集市。这种地段有较高的人气。消费者为了能买到质优价廉的产品，往往会“货比三家”。在此处，专业化经营无疑是中小型商店的最佳选择。

（5）大中专院校的周边地点。大学生年龄层次单一，消费行为简单。因此，小吃店、冷饮铺、餐馆、服装店、书店、复印店、百货店、舞厅等经营性店铺都可以选择。店面装修简陋或经营水平不高都没关系，只要有一定的经营特色，投资回报率通常比一般经营地点的商铺高。

（四）合作伙伴的选择

调查发现，与传统企业家单枪匹马打天下不同的是，大多数活跃在新经济领域的第三代企业家，都喜欢抱团创业。他们的创业也因为一开始建立了一个非常专业、分工明确、互补明显的创业团队，而取得跨越式发展。就算企业扩大到一定规模，也能够摆脱家族企业的弊病，迅速地吸引风险投资，确立良好有效的企业制度，使企业走上正轨。

能单独创业固然很好，但当自己实力或精力有限时，那就需要找合作伙伴了。好的合作伙伴自然能让你如虎添翼，不好的合作伙伴却能将你拉到事业低谷。因此，如何挑选合作伙伴就显得非常重要了。

五、借助互联网

随着互联网的发展，电子商务成了热门，开淘宝店和微店是经商的快捷路径之一。大数据公司星图数据统计显示，2017 年“双十一”全网总销售额达 2539.7 亿元，产生包裹 13.8 亿个。星图数据对 20 家 B2C（商对客）电商平台进行监测，在销售额方面，天猫销售额占全网销售额的 66.23%，京东占比为 21.41%，苏宁易购占比为 4.34%。

网络时代借助互联网开展商业活动是有必要的。现在，开淘宝店和微店的人越来越多，电商和微商成为热门的创业话题。而且，淘宝店的开店门槛不高，交 1000 元保证金，有一台可以联网的电脑，再加上稳定的货源即可开店。开微店更简单一些，有部智能手机、有货源，即可开店。

网络经商，首先，要保证货源，要有好的稳定的货源才行。当然，也有专门为网店供货的公司，不过最好是有自己的稳定的货源。其次，做网店要有充足的时间，经营者几乎要 24 小时值守在电脑旁边，三天打鱼两天晒网是不行的。最后，注意不要被非法传销组织欺骗，有不少不法分子利用微商平台开展非法的传销活动。非法传销多数是利用人们想创业、想发财又苦于没有门路的心理来发展下线。因此，急于创业的人一定要擦亮双眼，切莫误入非法传销组织。

六、小结

本节列举了一些经商的路径和方法，这些方法仅供参考。经商的路径有很多，关键是选择适合自己的路径，适合的才是最好的。

第四节　进入商业的禁忌

一、不熟不做

中国有句古话叫“生意不熟不做”。各行业赚钱的关键在于“熟悉”二字，熟悉一个行业到一定程度，研究它的规律，具备比较成熟的业务关系加上一定量的资金，创业的成功率会大大增加。

隔行如隔山。若是在其他方面，仅仅是不懂而已，也没什么，但在生意场上，就可能意味着血本无归了。看到别人做生意赚钱，等到自己做，就只有赔钱的份儿了。因为每个行当都有自己的核心内容，如果你不熟悉是掌握不了这些东西的，在同行业竞争中就会处于劣势。所以不管你做哪一行，一定是不熟不做，要想进入不熟悉的行业，在进入之前一定要做好充分的准备，先把自己从外行变成内行，之后才可以进入这一行业。

二、忌好高骛远

创业不要好高骛远，机会一般都在你看得见的地方或者不起眼的角落里藏着。生活中处处蕴藏着商机，虽然有时候它看起来不起眼，但只要你能放大它的亮点，深挖下去，就有可能发现巨额财富。没有不赚钱的行业，只有在赚钱的行业里不会赚钱的人。

创业初期一定要先保证生存，要结合企业实际制订切实可行的发展规划和策略。要脚踏实地地经营，切忌急功近利，千万不要总想一口吃个胖子。

三、忌盲目崇拜社会关系

社会关系的建立和运用是商人必要的能力，但关系不等于生产力，把社会关系当成解决企业发展所有问题的灵丹妙药是不行的。关系不是万能的，特别是在商业活动中，千万不要盲目崇拜社会关系，做生意还是要踏踏实实、一步一个脚印地做才行。

四、忌法制观念淡薄

做生意一定要遵纪守法，切不可投机取巧。不要以为钱能搞定一切，不要觉得这事没人知道就不会出问题，须知若要人不知，除非己莫为。千万不要在法律禁止的边缘徘徊，利用政策的漏洞渔利是不能长久的。

五、忌盲目做全国市场

把企业做大做强是大多数商人的愿望，有些人想当然地认为做全国市场肯定比在一个地方做生意要好。但是，他们没有想到，本来有限的精力一旦分散，就更加难以和对手抗衡；而开拓全国市场，所需要的成本也比做地方市场要高出许多。要想做全国市场，一定要先做好调研，不要盲目进军全国市场。

六、忌专家依赖症

很多事情可以请教专家，但是不能迷信专家，不要事事以专家为准。专家不是万能的，他们不可能对所有的事情都了如指掌，在知识上难免有局限性，特别是在市场经营方面，专家并不一定熟悉你所在的行业。所以，一旦过于迷信专家，往往会落入教条化的陷阱。

七、小结

本小节列举了一些商业禁忌，这些并不全面，仅供参考。做生意最大的忌讳是贪得无厌，贪婪最容易使人上当受骗。

第五章

经商有道

第一节　仁义经商

仁义和利益并不矛盾，仁义经商同样可以赚到钱，而且能赚到更多的钱。“义商论”的核心观点就是以仁义经商，“义商论”认为只有仁义经商才能真正把企业做大做强。

一、以义为利

如果把做生意赚钱比作山泉流水，那么仁义就是泉水的源头。有了仁义这个源头，做生意才能赚到钱；若是没有仁义，就没有了泉水的源头，泉水自然也就干涸了。所以，行仁义，是增加了财运；不义，是断绝了财路。

经商不能过于看重利润，抛弃仁义追求利润更不可取。有的企业为了利润压低工人的工资，降低员工的福利，美其名曰“降低成本”。我们和企业员工聊天时，每每谈到工资待遇，大多数人会说：“哎！老板真抠门儿，越有钱越抠门儿。”一时间，老板几乎成了抠门儿的代名词。人们都知道奢侈不好，却不知道抠门儿也不好，因为抠门儿会断绝自己的利益来源。

二、见利思义

商人会经常面对各种各样的利益诱惑，在利益面前，有的人会用正当合法的手段去争取，而有的人则不择手段。利益是对商人道德水准和人格修养的严峻考验，经得住考验的，才是卓越超群的商人；没有经得住考验的，便有可能成为唯利是图的奸商。

作为商人，见利思义既是仁义的表现，也是为长远利益着想。例如，有些生产或制造企业的排放物会污染环境，企业为了节约成本，对排放的污水、废气等不做处理直接排放到大自然，这样做暂时节约了成本，但最后可能会被罚款、责令整改或者直接被政府关停。

广西北海某玻璃钢制品厂以生产玻璃钢井盖为主，办厂之初，因为当时玻璃钢井盖是新产品，国家鼓励使用，而且生产玻璃钢井盖的厂家很少，所以他们每天 24 小时生产还供不应求。于是工厂开始加快速度、简化工作程序、缩短加工时间，结果卖出去的井盖别说车压了，女同志穿高跟鞋用力一踩就能把井盖踩出个洞。当时的人们没往企业生产的产品质量问题上面想，他们首先想到的是玻璃钢井盖没有铸铁的质量好，后来人们才开始对玻璃钢材料的硬度产生怀疑。可想而知，不仅这个企业销量下滑，而且整个玻璃钢井盖生产行业的销售都受到了极大的影响。以上两个事例充分说明了企业见利忘义会失去长远利益，而企业见利思义恰恰维护了长远的利益。

三、取之以义

孔子曰："不义而富且贵，于我如浮云。"儒家主张通过正当、合宜的行为来获取物质利益，即所谓“义以生利”，反对以不正当的手段获得利益。

邵雍诗云："物如善得终为美，事到巧图安有功。"钱财来得快、去得急的主要原因是来得容易的人们往往不珍惜，辛苦所得才会更加珍惜。比如，靠偷盗、赌博、坑骗、抢劫发大财的人，很少会珍惜那些钱，也很少会用那些钱去做正经事，往往是得到之后大肆挥霍，花光后再去做一票，如此反复直到被绳之以法。因此，商人要取之以义，靠自己的劳动和智慧来赚取钱财，正所谓“君子爱财，取之有道”。

四、以义制利

在义与利之间，义应当起主导作用，义制约着利；利必须要得到有效的控制，否则就会出现“上下交征利”的危险局面。上下征利会对社会造成灾难性后果。

宋代大儒朱熹云：“循天理，则不求利而自无不利；循人欲，则求利未得而害已随之。不利，即求义。”大概的意思是：按照天理，不求利反而会得到利；为了满足私欲而求利，不一定会得到利，还有可能给自己带来不利。放弃利，是舍利求义。

儒家义利观认为，求利的是小人，行义的是君子。君子终究离不开求利的需要，所以创造了先义后利、见得思义、以义制利、取之以义这样的哲学命题，把儒者的利益追求放到了仁义之后。

以义制利在商业活动中至关重要，若是不对利加以限制，除了会出现“上下交征利”外，更容易导致同业因争利而相害。以义制利有利于商业活动中的利益平衡，各方不能无限制地谋取自己的利益。制造商与经销商之间的利益平衡是双方合作的基础，失去平衡两者之间的合作就会出现裂痕。

五、小结

本节主要讲的是做生意要厚道，不能坑蒙拐骗。仁义经商有利于维护商人长远的利益，会使生意做得长久。只有仁义经商才能使企业做大做强，这是经商的大道；背信弃义谋取的利益是不会长久的，谋取不义之财是不可取的。

第二节 上善若水，厚德载物

老子说："上善若水。水善利万物而不争，处众人之所恶，故几于道。居善地，心善渊，与善仁，言善信，政善治，事善能，动善时。夫唯不争，故无尤。"这句话既弘扬了水的精神，也道出了一种处世哲学：做人应该像水一样，泽被万物而不争名利。

做人像水，你会成为一个豁达的人，可以在各种环境中保持一个好的心态。经商也是一样，经商若水则可在商场游刃有余，取得良好的业绩。

一、守拙

水乃万物之源，论功勋当得起颂辞千篇、丰碑万座，炫耀的资本不可谓不厚。可它却始终保持一种平常心态，不仅不张扬，反而"和其光，同其尘"，哪里低往哪里流，哪里洼在哪里聚，甚至越深邃越安静。此等宁静和达观，是很多人难以企及的。这的确是一种"无为"，但不是对"大我"的无为，而是对"小我"的无为，是在个人利益上的无为。

经商要像水一样"守拙"，要保持平常心态，水是哪里低往哪里流，经商则是哪里有需要就到哪里去，不必好高骛远，刻意追求标新立异。

二、齐心

水的凝聚力极强，一旦融为一体，就荣辱与共、生死相依，朝着共同的方向义无反顾地前进，故李白有"抽刀断水水更流"之慨叹。因其团结一心，水威力无比：汇集而成江海，浩浩渺渺，荡今涤古；乘风便起波涛，轰轰烈烈，激浊扬清。

商业经营中的“齐心”之道类似于现在人们常说的团队精神，但是，我这里讲的商业中的齐心是高于团队精神的一种齐心协力，它不仅包含团队内部的团结，也包含商业活动相关人员的齐心，如原材料供应商、制造商、批发商、零售商等，大家齐心协力把产品做好，为顾客提供满意的服务。企业与员工要像水一样融为一体，荣辱与共、生死相依，朝着共同的方向义无反顾地前进，这样才会形成理想、统一的商业模式。

三、坚韧

水至柔，却柔而有骨，信念执着、追求不懈，令人肃然起敬。九曲黄河，多少阻隔、多少诱惑，即使关山层叠、百转千回，东流入海的意志何曾有一丝动摇，雄浑豪迈的脚步何曾有片刻停歇？浪击礁盘，纵然粉身碎骨也决不退缩，一波一波前赴后继，一浪一浪奋勇搏杀，终将礁岩撞得百孔千疮；崖头滴水，日复一日，年复一年，咬定目标，不骄不躁，千万次“滴答”“滴答”，硬是在顽石身上凿出一个窟窿来，真可谓以“天下之至柔，驰骋天下之至坚”。

经商要有滴水穿石的坚韧，这是成功商人的优良品质。经商的道路往往不是一帆风顺的，经历风雨是必然的，坚韧是成功商人应该具备的品质。做事贵在坚持。从商创业的人很多，但真正成功的人并不多，有很大一部分人倒在了路上。创业之初，马云和他的团队经历了多次失败。曾经十几个人在北京不知名的小酒吧抱头痛哭，但是他们坚持下来了，如今成了互联网商业巨头。我们在看到马云取得的成就时，不可忽视他付出的努力和他的坚韧，没有坚韧不拔的精神他也是无法成功的。

四、博大

“海纳百川，有容乃大。”水最有爱心，最具包容性、渗透力、亲和力，它通达而广济天下，奉献而不图回报。它养山山青，哺花花俏，育禾禾壮，从不挑三拣四、嫌贫爱富。它与土地结合便是土地的一部分，与生命结合便是生命的一部分，但从不彰显自己。

成功的商人通常都有着博大的胸怀，所以有人说胸怀有多大，事业就有多大，经商要学会包容，要包容合作伙伴，包容员工，包容挑剔的客户。也正如马云说的，不要想着征服世界，而要学会如何服务世界。总想着征服别人未必能够成功，而服务他人往往更容易成功。比如淘宝网就是为商家和消费者服务的，它们的成功与其拥有博大的胸怀密切相关。

五、灵活

水不拘束、不呆板、不僵化、不偏执，有时细腻，有时粗犷，有时妩媚，有时奔放。水因时而变，夜结露珠，晨飘雾霭，晴蒸祥瑞，阴披霓裳，夏为雨，冬为雪，化而生气，凝而成冰。水因势而变，舒缓为溪，低吟浅唱；陡峭为瀑，虎啸龙吟；深而为潭，韬光养晦；浩瀚为海，高歌猛进。水因器而变，遇圆则圆，逢方则方，直如刻线，曲可盘龙，故曰“水无常形”。水因机而动，因动而活，因活而进，故有无限生机。

面对瞬息万变的市场，没有灵活的头脑很难在商海中脱颖而出。经营上思路要灵活，内部管理上用人要灵活，销售上手段要灵活，不灵活的企业难以适应市场变化。无论曾经多么辉煌，都必须因时而变，懂得灵活变通。比如，美国的福特汽车公司，因为固执地只生产黑色 T 型轿车，结果失败了。显然，是亨利·福特不顾市场变化而顽固守旧造成了这样的后果。

六、透明

虽然也有浑水、污水、浊水甚至臭水，但污者、臭者非水，水本身是清澈、透明的。它无颜无色、晶莹剔透；它光明磊落、无欲无求、堂堂正正。唯其透明，才能以水为镜，照出善恶美丑。

在经商的过程中，透明是真诚的表现，也是赢得顾客信任的重要途径。经商如果能够做到像水一样透明，那就已经达到一种较高的商业境界了。假如有一个企业敢于把自己产品的原材料、加工工艺、费用、利润等全部公之于众，也许会有更多的消费者心甘情愿地去购买他们的产品。不过现在很多企业或者说大多数企业不敢这样做，特别是那些普通消费者难以弄清楚成本的产品或服务，比如汽车维修和保养、医疗费用、药品、电器维修、保健品等。

七、公平

水不汲汲于富贵，不慽慽于贫贱，不管被置于瓷碗还是金碗，均一视同仁，而且器歪水不歪，物斜水不斜，是谓“水平”。人若以水为尺，便可裁出长短高低。

买卖公平、童叟无欺这是人们公认的道理，也可以说是公理。商业中的公平包含两层含义：一是买者和卖者之间的公平合理，就是卖家只赚取合理的利润，不欺瞒消费者；卖家对不同消费者要一视同仁，不欺凌弱小。二是商业合作伙伴之间的公平，即制造商与经销商等商业合作伙伴之间的利润分配公平合理。合作伙伴之间公平合理的利益分配很重要，它是保证双方合作稳定的重要因素，也是双方合作的基础。

能够力行公平原则的商人和企业可以得到消费者的认可，进而不断吸引回头客；同时，也可以得到合作伙伴的认可，从而拥有稳定可靠的合作伙伴，这些对于商人和企业而言都至关重要。

八、小结

本节主要讲水的特征以及其特征在商业中的应用。水是不可或缺的，没有水就没有生命。

第三节　利益平衡

经商也是一个平衡利益的过程，作为一名商人要平衡好各方面的利益。只有方方面面的人和机构组织都得到相应的利益，生意才能做好。商业活动的本质是给人们提供服务和方便，但其推动力还是利润，如果无利可图怎么会有那么多人去经商？商业活动中存在着复杂的利益关系，商业持续发展的保障是各方的利益平衡。

一、平衡与供应商的利益

合作是商业经营的主旋律，如制造业需要与原材料供应商合作，零售业需要与商品的供应商合作。在生意往来中，企业都希望能够买到物美价廉的原材料或商品，但是物美与价廉本身就是相互矛盾的，质量好的商品一般价格高，而价格低就很难保障商品质量。因此，我们在购买原材料或商品时要掌握一个度，用合适的价钱买到自己所需要的商品，给供应商留有一定的利润空间。进货的原则就是“自己合适，别人也合适”，即不仅你满意，供应商也要满意。这里所说的平衡实质上是指双方都获得了相应的利益，既要保障自己的利益，也要保障供应商的利益。

（一）保障自己的利益

保障自己的利益是要求供应商供应的产品的质量必须符合自己的要求，同时，价格不能高于自己的成本预算。在这一环节，商人要协调好三方关系，三方指的是企业自身、企业的采购人员和供应商。企业和供应商要互惠互利；企业给予采购人员一定利益的同时要防止其吃回扣，采购人员吃回扣是个很严重的问题，它不仅仅是钱的问题。采购人员一旦吃了回扣，其所采购产品的质量就难以保障了。

（二）保障供应商的利益

保障供应商的利益，就是要让供应商有利可图，并要维护供应商的尊严，不要有供应商靠你生存的心理。千万不要以为如果你不买他的产品，他就没法生存了，只有保证他能够长期稳定地生存才对你更有利。采购方不要因为自己是购买者，有一定的优势，就一味地压低进货价格，有句老话说得好："买的没有卖的精。"你压低价格，当价格低到一定程度供应商无利可图了，那他只好想办法降低成本，如此你买来产品的质量将难以得到保障。

二、平衡与经销商的利益

与经销自己产品的人合作同样要考虑利益平衡的问题，即如何合理地分配利润。要想拥有长期、稳定、忠诚的经销商，重要的一点就是让经销商能够赚到钱，因此要给经销商留有足够的利润空间。

三、平衡与顾客的利益

企业自身赚钱的同时也要考虑顾客的利益，顾客的利益是获得产品的价值，顾客购买产品和接受服务后要感到物有所值才行。企业保障顾客的利益就是要保证顾客所购买的产品质量好，产品有能够满足顾客需求的使用价值。同时，也要保障企业本身有一定的利润空间，企业不赚钱也不行。

有这样一个案例，在北京某条街上有三家饭店，开业时间差不多，一家是高档饭店，饭菜价格贵得惊人；一家价格十分优惠，天天特价，承诺开业前八个月饭菜、酒水一律半价；一家价格适中，不贵也不便宜。这三家饭店的经营状况是：高档饭店门前冷清，尽管服务质量高，装修也豪华，但因为价格实在太贵了，大家都望而却步；天天特价的饭店，倒是天天爆满；价格适中的饭店则是不温不火。过了半年，高档饭店和天天特价的饭店都关门了，只剩下价格适中的饭店还照常营业。其他两家关门了，这家的生意反而越来越好了。这是什么原因呢？高档饭店服务费用高，客人少，时间久了赔钱太多，所以关门了；天天特价的饭店，因为价格太低，每天吃饭的人太多了，而且半价销售卖得越多，亏得越多，没能坚持到第九个月就没钱维持正常经营了，所以也关门了；价格适中的饭店半年来虽不赚钱，但也没赔多少钱，一直坚持到天天特价的饭店和高档饭店关门后，大多数客户都转到这里吃饭了，才逐步红火起来。这个案例告诉我们，做生意只考虑自己赚钱，不为顾客着想不行；只为顾客着想，自己不赚钱也不行，最好是大家都有利可图。

四、平衡与员工的利益

老板追求企业效益最大化，所以要控制成本，降低工资开销；员工追求自身利益最大化，要求提高工资，企业的成本和员工的工资之间存在着矛盾，所以一个合格的商人要处理好企业成本与员工工资之间的利益平衡问题。企业与员工之间的利益平衡就是企业要赚到足够的钱，同时也要让员工赚到足够的钱。

对于老板而言，公司的生存和发展需要员工付出劳动；对于员工来说，为企业工作是为了得到丰厚的物质报酬和精神上的成就感。从这个角度看，老板和员工两者是和谐统一、相互依存的。公司需要忠诚、有能力的员工努力工作，才能生存和发展，业务才能顺利开展下去；而员工必须依赖公司的业务平台才能发挥自己的聪明才智，实现自己的价值和理想。企业的成功意味着老板的成功，也意味着员工的成功。老板和员工之间是“一荣俱荣、一损俱损”的关系。

司马迁早就有这样精辟的论述：“天下熙熙皆为利来，天下攘攘皆为利往。”人要工作，说到底是为了生活，或者是为了更好的生活。每一个人都有各自的利益追求，老板追求的是企业利润的最大化，而员工追求的是用自己的知识和才能来养家糊口。其实老板和员工的目标是一致的，都是为了追求各自的利益。

作为老板，不要怕员工赚钱，只要是通过合法手段，不贪污、不吃回扣，员工能多赚到钱，老板应当高兴才对。不想挣钱的员工不是好员工，不想让员工发财的老板不是好老板。老板、员工应当同舟共济，共同发展。从宏观上来说，企业里老板、员工一起工作，除了满足自身生存和发展的需要之外，还为社会创造了财富，为社会的发展添砖加瓦。

因此，正确理解企业与员工之间的关系，明确双方的利益共同点，建立起一种相互依存、相互信任、相互忠诚的合作伙伴关系，将更有利于企业和员工的发展。

五、平衡与社会的利益

商人赚钱的过程要兼顾社会利益和个人利益，切不可为了个人的商业利益损害社会利益，当然也不要为了社会利益而损害个人的利益。为了达到这个目的，商人需要寻找二者利益的平衡点。

企业是社会的组成部分，社会利益高于企业利益，企业利益必须服从于社会公共利益，维护社会利益就是维护企业利益。

六、平衡与国家的利益

俗话说：“买卖好不怕上税。”税收是国家财政收入的主要来源。企业想少交税，国家又要依法收税，二者之间需要平衡。税收太高企业受不了，税收太低国家无法正常运转。

现代社会是由企业、社会与政府三者组成的，一方面它们共同构成了一个命运共同体，另一方面又处于相互的矛盾与冲突之中。企业追求利润的最大化、成本的最小化，为了这个目的甚至会牺牲国家与社会的利益。平衡好这三者之间的关系，显然是现代社会发展的关键。

财政收入不仅关系到社会经济发展和人民生活水平，也关系到正确处理国家和企业之间的利益关系。国家利益必须要维护，没有国家，就没有企业利益，所以要兼顾国家利益与企业利益。国家财政收入的主要来源是税收，企业纳税是税收的一部分，因此企业要发展，企业经营者要做到依法纳税，不偷税漏税，不做损害国家利益的事情，否则企业难以正常发展。

七、小结

本节主要讲的是经商要顾及和平衡方方面面的利益。我国提出的“一带一路”倡议就是在兼顾各方的利益，因为相关各国都有利可图，所以这个倡议才会被支持。

第四节　我国传统的经商之道

一、中国传统的经商之道

“君子爱财，取之有道。”这个“道”就是商业经营和资本运作的规律，它在中国商人心目中有非常丰富的内涵。

（一）财自道生，利缘义取

经商要有强烈的致富欲望。中国商人从来不掩饰他们经商求利的目的，坐贾行商都是为了一个“利”字。“寄迹尘市，日为锱铢”“奔走江湖，希觅微利”“五雀六燕，铢两相悉”，这些格言虽然充满锱铢必较的商业气息，但是难能可贵的是，中国商人在赚钱求利的商业活动中一直坚持义利并重，要求这个“利”必须来得正当，获利手段必须合理，要符合“义”的规范。因此，就必须讲求“诚”和“信”。这样做了就是走正道，就是诚商正贾，就能够取得“上以济人，下以利己”的经营效果。靠坑蒙拐骗、缺斤少两、以假充真、欺行霸市来获利，虽能获得短期利益，却不能长久。

（二）熟探市价，逆料行情

古代的商品贸易，多是利用区域距离赚取商品差价，贱买贵卖。因此，商人特别需要注意各种商品的产地、价格、品质等信息。

要做生意，就需要懂得商业经营的规律并掌握经营技巧。中国商人做生意很讲究“知市”，即“熟探市价，逆料行情”，包括市场调查、市场预测、经营决策等一系列商业活动。中国商人把市场调查和预测看作商家谋利的前提条件，强调做生意要“耳听六路，眼观八方”，多方捕捉信息，根据行情来销售。“因地有无以通贸易，视时丰歉以计屈伸。”了解市场、顺应市场，并不是被动地跟着市场走，而是要把握市场的变化并赢得主动的机会。

（三）货不停留利自生

对于商业资本营运，商谚中也有很成熟的经验。譬如，旧时商人在封建政府“困商”政策的束缚下发展不畅，多以中小商为主，他们的资本存量有限，“店业甚微，辛资菲薄”，便更加讲求加快周转，少花钱，多办事。为此，就必须在“趋时”“贵速”上做文章，做生意讲究一个“快”字，而且时常以低价招徕顾客，以加快商品销售，完成商品向货币的转化。中国商人很懂得薄利多销的奥秘：一是货不二价，从量取盈；二是少赚不贪，让利招客。

（四）商事即人事

对商品流通来说，商品交易是物质载体，人际融通才是其本质。因此，中国商人历来注重人际关系，主张经商必须了解为人处世。在融洽的人际关系中，为自己营造良好的经商氛围。

古代商人在处理人际关系方面讲究“知客”和“律己”。

“知客”是指要处理好商人与商人、商人与顾客之间的关系。商业经营需要联结产销、沟通买卖，因此在处理商人与商人之间的关系时，要注意知人善任、讲信修睦。在处理与顾客的关系时更讲究迎合需要，微笑服务，视顾客如衣食父母。善为商者必能察言观色，并以笑脸迎客，提供优质服务。通过这些做法，就能树立良好的商业形象，从而实现“生意兴隆通四海，财源茂盛达三江”。

“律己”是指要严格要求自己，要加强商人自身的道德修养，名以清修，俭以守成，以此作为生意兴旺发达的保证。

（五）抑奢崇俭，去华存朴

这是中国商人的商业道德。在封建政府“抑商”政策的打击下，商人发财不易，赚钱艰难，为商者“不辞晓夜，登山渡水，所需微利，皆由惊恐辛苦而来”。“人生最苦为行商，抛妻弃子离家乡，餐风宿水多劳役，披星戴月时奔忙。”他们经商致富后，往往自奉节俭，养成了抑奢存朴的品质，并留下许多警世的商谚：“从来好事天生险，自古瓜儿苦后甜。”“俭可成事，奢可败家。”“饥寒生于大厦，饱暖多在草莽。”这些话充满了中国商人经商的智慧，表现了中国商人的传统美德。

（六）乘时习艺

中国商人或因家贫失学而奋发经商，或是为养家糊口而去儒就贾，他们深知，在残酷的商业竞争中要立于不败之地，必须要有知识。因此，有远见卓识的商人都极为注重自身的修养和后代的教育，“量质掠业，乘时习艺”。许多商谚本身就是商人写的经商教科书，如《客商一览醒迷》《生意世事初阶》等，并把“训导子孙，耕读为本”作为事业后继有人的保证。他们留下的格言有，“千间房子万顷地，就怕没有好子弟”“家有黄金使斗量，不如送儿上学堂”“欲高门第须为善，要好儿孙必读书”等。

（七）穷通不惊，世事洞达

“穷通不惊，世事洞达”，是中国商人的处世要领。商场即战场，贫富皆为无常。在残酷的商业竞争中，面对福祸不定、贫富转瞬的命运，中国商人仍能保持一种处变不惊、稳定达观的心态，“事由天定，道在人为”。生意兴隆时要不骄不躁，防患于未然；生意不好时要不气不馁，等待事情出现转机。

二、范蠡的经商之道

（一）把握行情，“人取我予”

范蠡商业经营的法则是“人取我予”，即满足人们生活与生产的需求，这种需求不仅是多方面、多层次的，而且与时机的关系也很密切。他能把握时机，提供市场最需要的东西，当然就会立于不败之地。

（二）让货等人，“待乏贸易”

范蠡运用“待乏贸易”之法，调节物资，具体说就是“夏则资皮，冬则资絺，旱则资舟，水则资车，以待乏也”。所谓待乏原则就是让货等人，不要让人等货。要准备别人所没有或想不到的，这样才能在市场中占据优势地位。

（三）诚信经商，“不求暴利”

范蠡经商，不仅善于抓住时机，并且不追求暴利。《史记》记载，范蠡“候时转物，逐什一之利”。这符合中国传统思想中诚信经商的原则。薄利多销，细水长流，日积月累，必成大富。这是范蠡成功的秘诀之一。

（四）因地制宜，多种经营

范蠡经商不是盲目出击，而是精心选择地点，充分发挥自然环境的优势，以实现经济效益最大化。他离开越国后，来到齐国，齐地具有良好的从事生产的条件，为范蠡致富奠定了基础。在齐地，他从事农业和海上经营，到陶后，除了经营农产品还倡导多种经营。他曾向鲁国穷士猗顿传授致富经验，建议他饲养五种牲畜。他还提倡养鱼，《齐民要术》记载的《养鱼经》，据说就是范蠡所作。

（五）尽散其财，富好行德

范蠡经商思想中最可贵的是“富好行其德”。《史记》记载，范蠡在齐致富后，就曾“尽散其财，以分与知友乡党”；后来经商，“十九年之中三致千金，再分散与贫交疏昆弟”。范蠡富有，凭借的是自己的勤奋和智慧，不搞官商勾结，没有假冒伪劣，他又如此慷慨地帮助友人、回报社会，是中国历史上有记载的最早的慈善家。

三、中国古代十大商帮的经营之道

中国商帮历史悠久。山西商帮、徽州商帮、陕西商帮、山东商帮、福建商帮、洞庭商帮、广东（珠三角和潮汕）商帮、江右商帮、龙游商帮、宁波商帮，是为十大商帮。其中晋商、徽商、潮商势力最大、影响最深远。由于地区和历史原因，各商帮经营特点不同，北方善义，南方善商；北方厚重，南方灵活；北方重古典，南方更现代。

（一）晋商：义利结合

晋商的文化程度相对于其他商帮来说是比较高的，他们的经营模式也是极其先进的，股份制、资本运作等现代经营方式，当时已经在他们身上萌芽。晋商把商业作为一项崇高的事业，这是晋商成功的一大关键因素。在实际经营中，晋商推崇关公，讲究以义制利，义利结合，这是晋商价值观的核心。而晋商所逐步探索完善的掌柜制度，合理公正地界定了东家与掌柜之间的权利与义务，并利用行会之权威培育从业者的荣誉感，可谓富有中国特色的“委托—代理”制度，其所蕴含的中国传统智慧，对当下民营企业的组织管理仍有启示意义。

其一，所有权与经营权相分离，实行经理负责制；其二，人身顶股制，这是山西票号首创的激励机制，把员工的利益与票号的利益紧紧联系在一起，有利于协调劳资关系、调动劳动者积极性；其三，在管理监督机制上，晋商发明了联号制，即大号管小号的层级管理方式以加强自我约束，同时还创造了钦差制①。这些管理制度有效地促进了晋商的迅速发展。

（二）徽商：贾而好儒

徽商与晋商齐名，作为中国商界中的一支劲旅，徽商曾活跃于大江南北，甚至还曾到过日本、暹罗（今泰国）和葡萄牙等地，“无徽不成商”的口号响彻天下。其商业资本之巨、从贾人数之众、活动区域之广、经营行业之多、经营能力之强，都是其他商帮无法匹敌的。

① 钦差制是指定期派“钦差”到各地分号巡视的制度。

大多数徽州人都是经商能手，他们善于分析和判断经济形势，在买贱卖贵的不等价交换中牟取厚利，大规模的长途商品贩运是徽商致富的一个重要途径。

徽商与其他商帮的最大不同，就在于“儒”字。徽州是南宋大儒朱熹的故乡，因此徽商被誉为“儒风独茂”，大多表现出“贾而好儒”的特点，他们的商业道德观带有浓厚的儒家色彩。徽商很爱读书，他们白天经商，晚上读书，在路途中也是时时忘不了读书。爱读书给徽商带来了“贾而好儒”的特点，既促使了徽州成为文风昌盛之地，又对商业经营产生了积极影响，使徽商称雄于明清两代。徽商以儒家的“诚、信、义”的道德观作为其商业道德的根本，从而在商界赢得了信誉，促进了商业资本的发展，这是他们经商成功的奥秘所在。

（三）福建商帮：“内外勾结”

福建商帮的兴起，一开始就与封建政府的官方朝贡贸易和禁海政策针锋相对。他们走私进行商业贸易，不能贸易时就抢劫，他们具有海盗和商人的双重属性。

“内外勾结”的贸易方式是福建海商最常见的经商方式，他们广泛联络沿海居民，建立了许多据点，利用据点收购出海货物，囤积国外走私商品，以利销售。他们不仅是海营商，有许多也是陆地商，真可谓水陆两栖，海上贸易也做，陆地贸易也做。明清时期福建商人把国内与国外的贸易紧密地结合起来，努力经营，进行多种形式的贸易，从而形成了中国封建社会晚期一个很有影响的地方商帮。封建社会渐渐消亡，福建商帮却在海外南洋（明清时期对东南亚一带的称呼）、中国台湾等地开辟出新的商业场地。福建商帮中的许多商人正是以自由商人的身份，大无畏地开拓海外市场，终于得以在福建商帮这棵枯树上生出新枝，使福建商帮的商业精神在海外华人和中国台湾的福建籍人身上得到延续。

（四）广东商帮：喜欢“头啖汤”[①]

粤商深受岭南文化的影响，远离政治中心，不受所谓“正统”“权威”观念的束缚。粤商为了赚钱，天不怕、地不怕，擅打擦边球、有冒险精神是其最为突出的特性。他们永远敢做“吃螃蟹”的第一人，喜欢“头啖汤”。

粤商以快制胜，出击迅速。粤商从不将自己的生产经营局限于某一固定的框架之中，他们注重灵活变通，“上得快，转得快，变得快”正是其真实写照。粤商文化水平往往不高，自有资金不多，技术力量也不雄厚，但他们会“借”：一是借钱发挥；二是借才发挥。粤商文化遵循“开放、包容、不排外”“不揾独食，有钱大家赚”的宗旨。

近代粤商发扬了古代广东商人的冒险开拓、独立进取的商业精神，在参与国际商业贸易的过程中，近代粤商又具有了某种开放的心态。在近代广东商人身上，我们看到传统文化与近代商业文化的某种有效的融合。也许这种文化的发展与融合，正是粤商继晋商、徽商衰落之后仍能发展并进一步成长的原因。

（五）宁波帮：传统与新兴行业结合

宁波商帮在十大商帮中属于后来者。然而，宁波商帮在工商业、金融业等领域不但影响了江浙、上海的发展进程，甚至毫不夸张地说，还影响了中国工商业、金融业的发展进程。鸦片战争后，尤其是民国时期，宁波商帮中新一代商业资本家脱颖而出，把商业与金融业紧密结合起来，从而使宁波商帮以新兴的近代商人群体的姿态跻身于全国著名商帮之列。他们所经营的银楼业、药材业、成衣业、海味业以及保险业也是名闻遐迩。

---

① 头啖汤即第一口汤。

宁波商帮形成的时间较晚，但其发展势头却非常之猛。他们的活动区域不断拓展，最终形成“四出营生，商旅遍天下”的局面。宁波商帮不仅善于开拓活动地域，还善于因时制宜地开拓经营项目。他们的致富之道非常有特点，也非常实用：以传统行业经营安身立命，以支柱行业经营为依托，以新兴行业经营为方向，往往一家经营数业，互为补充，使自己的商业经营在全国商界中居于优势地位。

（六）陕西商帮：尽可能追逐厚利

在明代的商界里，山西与陕西商人为了对抗徽商及其他商人，常利用邻省之便，互相结合，人们通常把他们合称为西商或山陕商帮。西商在明代前期的势力很大，他们从经营盐业中获得了厚利，可惜利益使他们内部开始分化，陕西盐商与山西盐商分道扬镳，最终陕西盐商到了四川独立发展，这也为陕西商帮的最终形成奠定了基础。陕西商帮生财的行道较多，在这一点上他们与江西商帮相似。陕西商帮是一个综合性的商帮，他们对财富的追求与一般商帮相同：尽可能追逐厚利，如果不行，就退而求其次。陕西商帮以盐商最为著名，经营布业、茶业和皮货业也是陕西商帮盈利的重要途径。

虽然贵为中国十大商帮之一，且民风习俗与山西商帮相近，但在外人看来，陕西商帮见识短浅，在各个方面都无法与晋商相比。在商业资本的使用上，陕西商人采取的是土财主方式，很少有人投资手工业，这与江南地区商人积极发展手工业的情况恰恰形成鲜明的对比。

（七）山东商帮：重在一个“义”字

山东商帮有山东人的特点，重在一个“义”字上。正因为如此，与别的商帮相比，山东商帮的致富之道显得单纯、直截了当。

山东商帮的致富之道，总体来讲就是长途贩卖和坐地经商，讲求守信用的商业道德和规范的商业行为。在山东商帮中，主要是一些大官僚、大地主成为大商人，因此，鲁商大部分可以说是封建性的商人。历史上的鲁商虽不如晋商、徽商那般辉煌，但兴盛时也曾控制了北京乃至华北地区的绸缎布匹、粮食批发零售、餐饮等行业。特别是在东北地区，鲁商凭借地缘、人缘的便利条件，曾在那片“商场”上纵横驰骋，名重一方。

山东商帮的经营模式总体来看有两种：一是独资经营，二是合伙经营。在独资经营中，一般情况是本人或本家族是大商人或经商世家，资本很雄厚，当然也有不少资本较少的小商小贩。独资经营者规范商业行为主要表现在与生意对象间的信义约束，按约定俗成的规矩办事；在合伙经营中，山东商帮的规范行为有点像现在的股份制公司的做法，合伙人之间先订立合伙合同，据史料，订立合伙合同时往往邀同亲好友做见证，以示恪守信用。

（八）龙游商帮：手段最为高明

当徽商、晋商在商场争雄之时，在浙江中西南部崛起了一个颇有影响力的龙游商帮。历史上所称的龙游商帮，实际上是衢州府商人集团，其中以龙游县商人的人数最多、经商手段最为高明，故冠以“龙游商帮”之称。

龙游商帮虽地处偏僻，却有着开放的心态，在观念上也比较新潮，主要表现在两个方面，即投资上的敢为天下先精神和海纳百川的度量。明清时期，许多商人将经商所赚得的资金用来购买土地或者经营典当、借贷业，以求有稳定的收入。而龙游商敏锐地意识到，要获得更多的利润，必须转向手工业生产和工矿产业上。他们果断地投入纸业、矿业的商品生产中，使商业资本转化为产业资本，给当时封建社会注入了一种带有雇佣关系的新的生产方式。另外，龙游商人不排斥外地商帮对本乡商邦的渗透，并且与外地商邦相处和睦，从而推进了龙游商帮的发展。

龙游商人敢为天下先的精神和海纳百川的度量，是他们良好经商心态的反映。他们虽然出自偏僻之地，既无官府支持，又无强大的宗族势力作坚强后盾，但他们却能在强手如林的各大商帮中崛起，屹立于商帮之林。

（九）洞庭商帮：聪明的商帮

几乎就在龙游商帮兴起的同时，另一个商帮在中国的洞庭湖上不知不觉地兴起了，它就是洞庭商帮。当年范蠡财色尽得，泛舟五湖，引起多少人的艳羡。他经商的成功，给太湖、洞庭湖流域的人们留下了深刻印象。洞庭商帮是在明万历年间才初步形成的。

审时度势，把握时机，这是聪明商人的做法，而洞庭商人就是这样的聪明商帮。洞庭商人没有与徽商、晋商在盐业和典当经营上争夺市场，而是扬长避短，稳中求胜，利用洞庭湖得天独厚的经商条件贩运米粮和丝绸布匹。他们还不断更新观念，开拓经营新局面，向外部世界发展。尤其是鸦片战争后，在作为金融中心的上海，洞庭商人利用自己的“钻天之术”，开辟了买办业、银行业、钱庄业等金融实体和丝绸、棉纱等实业。在新的历史背景下，开始从事不同于以往的商业活动，由此，洞庭商帮产生了一批民族资本家，走上了由商业资本向工业资本发展的道路。

（十）江西商帮：讲究贾德

江西商人绝大多数是因家境所迫而负贩经商的，因此，小本经营、借贷起家成为他们经商的特点。他们的经商活动一般是以贩卖本地土特产品为起点，而正是江西商人这些独特的背景，使得江西商帮具有资本分散、小商小贾众多的特点。除少数行业如瓷业比较出众外，其他行业与徽商、晋商等商帮相比，经营规模就显得相形见绌了，商业资本的积累也极为有限。

当代著名作家沈从文在他的作品中，曾经这样描述江西布商：“一个包袱一把伞，跑到湖南当老板。”另外，江西商人浓厚的传统观念以及小农意识影响了他们的资本投向，只求广度，不求深度。所以，尽管江西商人人数众多，涉及的行业甚广，经营灵活，但往往在竞争中容易丧失市场。江西商人讲究贾德，注重诚信，是江西人质朴、做事认真这种性格的一个外在反映，也是江西人头脑中传统儒家思想的自然流露。江西商人还善于揣摩消费者心理，迎合不同主顾的需求。总之，销售尽手中的商品和捕捉商机，是江西商人发财致富的经验总结。

四、小结

《旧唐书·魏徵传》曰：“夫以铜为镜，可以正衣冠；以古为镜，可以知兴替；以人为镜，可以明得失。”

经验是经过无数次实践才得出来的，中国传统的经商之道同样是古代商人在长期实践中总结出来的，是民族的瑰宝。大家千万不要认为过去的经验完全不适用于当代了。无论世界如何发展，有些规律性的东西是不会改变的。

第六章

商训精选与解析

第一节　学徒与店面销售

乾隆年间，江苏句曲（位于今江苏省句容市）人王秉元著《生意世事初阶》，总结了乾隆盛世江南商贾的经营大智慧，是当时最为畅销的书籍之一。这本书主要讲述了做学徒应该注意的事项和做生意的一些基本常识，它告诉我们如何学做生意，如何做一个好学徒；告诉我们生意人如何待人接物，如何做好店面销售工作。

现将这本书全文抄写如下，并做了注解，笔者学识有限，翻译不当之处请读者见谅。

《生意世事初阶》之一：

【原文】学小官，第一要守规矩、受拘束。不以规矩，不能成方圆；不受拘束，则不能收敛深藏。譬如美玉，必须琢磨成器，况顽石乎！

【译文】年轻的小学徒，首先要遵守规矩，接受管束。无规矩，不成方圆；无拘无束，就不能收敛自己的行为，不能做到藏而不露。譬如一块美玉，只有经过雕琢才能成为精美的玉器，美玉尚且如此，何况是顽石呢！

《生意世事初阶》之二：

【原文】男子志在四方。原望觅利蝇头小利，以为养家糊口之计，切不可嫖赌废荡。凡搭船、歇店，务必少年老成，见得透，守得坚，如此为人，东君方可重托，父母才得放心。

【译文】好男儿志在四方。东奔西走原本就指望着赚些蝇头小利以养家糊口，千万不要因为嫖娼和赌博而把辛辛苦苦赚来的钱都败光了。不论是坐船还是住店，务必少年老成，遇事要能看得透彻，要能坚守原则、抵住诱惑，这样做人，东家才可以把重要的事情托付于你，父母也才能放心。

《生意世事初阶》之三：

【原文】学小官，清晨起来，即扫地抹桌，添砚水，润笔头，捧水与人洗脸，取盏冲茶，俱系初学之事。扫地倘遇失落银钱，须拾取放在账桌上，不可怀藏。

【译文】年轻的小学徒，清晨应该早早起来，扫地、擦桌子，打扫好卫生；往砚台中添水，浸润毛笔的笔头；打好水捧给掌柜、师父洗脸；取来杯盏，冲上热茶，这些都是初做学徒所应做的事情。扫地的时候遇到掉落在地的银钱，一定要捡起来放在账房的桌上，不可私自藏起来占为己有。

《生意世事初阶》之四：

【原文】学生意，要照看柜里柜外，看人做生意，听人说甚的话。彼此买卖交易，问答对敌，贯串流通，必须听而记之。

【译文】学习做生意，里里外外都要照看到，看人家是怎么做生意，听人家说什么话。彼此之间如何买卖交易，对方怎么问，商家怎么回答，从头到尾整个过程都必须用心听，并牢记在心。

《生意世事初阶》之五：

【原文】学生意，先要学官话，纵然一时不像，切不可怕丑。若满口乡谈，彼此不懂，如何能出门学生意，读书居官亦然。

【译文】学习做生意，首先要学习说普通话，即使一时学得不像，也千万不要怕出丑，不要怕被别人笑话。如果满口土语方言，彼此听不明白，怎么能够出门学做生意？读书、做官也是如此。

《生意世事初阶》之六：

【原文】进店学小官，全在流通活泼。先学眼前一切杂事，谙练熟滑，伶俐精灵。更要目瞧耳听，手勤脚快。大概已定，然后用心习学戥子银水，算盘笔头。次之听人言语，学人礼貌。

【译文】进入店铺做学徒，关键在于开朗活泼，多与人交流，机灵会来事。首先要学做眼前一切杂务，直到熟悉为止。更要耳聪目明，察言观色，手脚勤快。杂务都做好了之后，再用心学习使用戥秤，辨别银钱成色，以及学习算盘功夫、记账方法。其次是听别人说话，学习别人的礼貌规范。

《生意世事初阶》之七：

【原文】小官不可嘴快。多言好辩，最令人嫌。如众人在一处叙谈，你可耳听，勿使眼望；亦不可向前多嘴插话，不轮到你说话之时，且学乖透了，再向前未迟。

【译文】年轻的小学徒不可以多嘴多舌。多嘴多舌、喜欢与人争辩，是很讨人嫌的。如果见众人聚集在一块叙谈，你只可用耳朵去听，切不可用眼观望；也不可上前多嘴插话，没轮到你说话的时候，就多学习，等到你都熟悉了，再上前搭话也不迟。

《生意世事初阶》之八：

【原文】学小官，切莫嫌人啰唆。他说你，是教你成人。骂也受着，打也受着。你若嫌他琐碎，而再形于词色，他下次当说你也不说。日后成人，方知说你者是恩人，不说你者是坏人。

【译文】年轻的小学徒，切不可嫌别人言语啰唆。别人说你是在教你做人。打你、骂你，你也要受着。你若嫌他们言语琐碎，并且把嗔怒都表现在脸上，那么他们下次该说你的时候也不说了。等你日后长大成人，就会知道说你的人是恩人，不说你的人才是坏人。

《生意世事初阶》之九：

【原文】学小官，不论有人无人在面前，都要兢兢业业，谨守店规，莫说无大人在面前，就可顽皮，此系你不受拘束，则放荡不成文矣。

【译文】年轻的小学徒，无论有没有人在眼前，都要兢兢业业，谨守店规，不要以为没有大人在面前，就可以顽皮。如果趁无人在面前时贪玩，这就是你自己管不住自己，自我约束能力太差，久而久之你就会变得放荡不成体统了。

《生意世事初阶》之十：

【原文】柜内无你坐之理。有生意，固须站起。见店里伙计，亦须站起。盖店内俱系比你长的人，不是东家，就是伙计，都为你师，你焉敢坐也。到你坐的时候，自然让你坐也。

【译文】在柜台内没有你（年轻小学徒）坐着的道理。有生意上门，必须站起来相迎。见到店中的伙计，也必须站起来。因为店中都是比你年长的人，不是掌柜，就是伙计，这些人都是你的师父，在师父面前你怎么敢坐着呢？该你坐的时候，自然会让你坐。

《生意世事初阶》之十一：

【原文】要有耳性，有记才，有血色，有和颜，四件万不可少。有耳性，则听大人教训；有记才，则学过的事，就不肯忘；有血色，则自己就顾廉耻了；有和颜，则有活泼之趣。

【译文】（年轻的小学徒）要有耳性、有记东西的才能、有血性、有和蔼的面色，这四方面决不可少。有耳性，就能够听从大人们的教导；有记东西的才能，那么学过的事就不会忘记；有血性，那么自己就知道荣辱，顾及廉耻了；有和蔼的面色，那么就能营造轻松活泼、亲切和乐的气氛。

《生意世事初阶》之十二：

【原文】学字须在饭后。闲暇无事，即于柜内习学操练，或看书消闲，开卷有益。如有事，切不可看书。圣人云："行有余力，则以学文。"

【译文】（年轻的小学徒）练习写字应当在晚饭后。闲暇无事，就可以在柜内习学操练，或者看书消遣，只要看了就能有收获。如果有事做，切不可看书，以免误事。圣人曾说过，做完事情以后，还有剩余的精力和时间，则用来学习文化。

《生意世事初阶》之十三：

【原文】学算盘，日间不可学。生意之家，忌的是白日打空算盘。要在晚上无事学算。请教人指点算法，灵窍全要心悟。

【译文】学习打算盘，不可在白天学。做生意的人家，都很忌讳白天空打算盘。要在晚上没事的时候学习演算。请别人指点演算方法，其中的窍门全都要用心领悟。

《生意世事初阶》之十四：

【原文】称戥子，将（秤）毫理清。拿足提起，勿使一高一低，总要在手里活便。称小戥，务必平口；称大戥，务必平眉，不可恍惚。称准方可报数。

【译文】用戥秤称物，要将秤上的标记都弄清楚。稳稳提起，不要一高一低，要灵活地使用戥秤。称小戥，一定要使戥杆平口；称大戥，一定要使秤杆平眉，切不可晃动。称量准确无误，然后才可以报数。

《生意世事初阶》之十五：

【原文】看银水呈色，整锭者，看其底脸，审其路数，是哪一处出的银子。但银水一样，销手百般，细察要紧。如整锭无重边者，鑚铅无疑。

【译文】观察银水的成色，凡是整锭的银子，看它的底面是否平坦，检查其纹路是否顺畅，并判断是哪一处所出的银子。但即使银水一样，其销铸方法也各种各样，一定要仔细观察分辨。如果整锭银子无重边，那么无疑是其中掺杂有铅。

《生意世事初阶》之十六：

【原文】学小官，说话要响响亮亮，斩钉截铁，切莫沾沾滞滞。说在肚里，使人听不见。亦不可胡言乱道，嘻嘻哈哈。别人说笑话顽，你只当没有听见，才成学生意之道。

【译文】年轻的小学徒，说话时要响响亮亮、斩钉截铁，切不可含混不清，只说在肚里，使人听不清楚。也不可信口开河、胡言乱语、嘻嘻哈哈。别人说笑话、嬉闹，你就只当没有听见，这样才是学做生意之道。

《生意世事初阶》之十七：

【原文】学到周年两载，生意有点眉眼，有点墨线，就要硬着头，恋在柜上，勉力做生意，不可退后。如你做不下来者，自有傍人接应。你一两回，把胆放大了，就好向前做了。

【译文】学个一年两载，对生意有了一些了解，摸清了眉目，就要硬着头皮，待在柜台，努力做生意，砥砺前行，不可退后。如果你做不了，自然会有人换下你。你独立做几次，慢慢地胆子就会大起来，那时候就能更进一步了。

《生意世事初阶》之十八：

【原文】奉命到街上买东西，或往别店有事，一到将事办完，急回店，切不可长远耽搁，贪顽好嘻，如此者，就不把生意放在心上了。

【译文】奉命到街上买东西，或者到别的店铺办事，办完事情就赶紧回到店里面，千万不要耽搁太长时间，更不可以在外面玩耍，如果是那样的话，就是不把生意放在心上了。

《生意世事初阶》之十九：

【原文】每日须早起，不但神清气爽，凡柜台内外，打扫洁净，摆列整齐，亦是店面之光彩也。

【译文】每天要早早起床，不但神清气爽，有益身心，还要把柜台里里外外全部打扫得干干净净，把货物摆放得整整齐齐，这也是店面的光彩。

《生意世事初阶》之二十：

【原文】小官上柜，必须挺身站立，礼貌端庄，言谈响亮，眼观上下，察人诚伪，辨其贤愚，买物之人，自不轻视你了。

【译文】年轻小学徒站柜台做生意，必须挺身站立，礼貌周全，端庄持重，说话响亮清楚，上下观看，察言观色，分清客人是来买货还是来闲逛，判断其贤达还是愚钝。这样，买货的人自然不会轻视你了。

《生意世事初阶》之二十一：

【原文】做生意，须把生意为重，不可胡思乱想。即有要紧心事，比时亦要拂开。有云：心无二用。若想心事，则精神恍惚，办事潦草，即不免舛错了。

【译文】做生意，就必须以生意为重，不可胡思乱想。即使有要紧的事，这时也要暂时抛开。有人说：心无二用。若是想心事，就会导致精神恍惚，办事不认真，这样难免会出差错。

《生意世事初阶》之二十二：

【原文】手内做着生意，还要耳内听人说话；嘴里说着话，还要眼睛看着事。所以，生意人要八面临风。

【译文】手头做着生意，还要注意用耳倾听别人谈话；嘴里说着话，还要用眼睛观察。所以说，生意人要八面玲珑。

《生意世事初阶》之二十三：

【原文】人借戥子称银子，不可伏在他面前，望着他的银包，恐有遗失。你可站开些，俟他称过银后，将戥子收来可也。

【译文】有人来借戥子称银子，不可贴在他的面前，望着他的银包，恐防其银子有遗失。你可以站开一些，等到他称过银子之后，你再将戥子收起来就可以了。

《生意世事初阶》之二十四：

【原文】替人夹银子，夹开必须放在桌上，切不可就放他银包内，恐有讹错，慎之。

【译文】如果是替别人夹银子，夹开之后必须放在桌上，切不可当即就放入他的银包之中，以防被讹，千万要谨慎！

《生意世事初阶》之二十五：

【原文】与子弟学生意，切莫先送入大店。子弟不妨先在小店里学生意，资本虽小，为事俱系把稳，锱铢积累。只讲勤俭，不务奢华。寻常日用所需，犹如居家一样。

【译文】让子弟到店铺中去学习做生意，切不可送入大店。子弟不妨先在小店里学生意，资本虽小，办事却完全是谨慎稳当的，一点一滴地积累，积少成多。只讲求勤俭，不求奢侈豪华。平常日用所需，就好像平民居家过日子一样。

《生意世事初阶》之二十六：

【原文】小官务要识好歹。那人既朝夕教诲你，又不过严厉，就要努力奋志，学得生意精微，世务圆通，再未有不成人之理。又道：世上无难事，只怕有心人。你若终日贪玩，诸事全不习学，如此之人，倒不如早些回去，另做别图。

【译文】年轻小学徒一定要知道好歹。掌柜、师父既然朝夕教导你，又不过分严厉，你就要努力学习，奋发图强，学到做生意的精髓和微妙之处，世事圆通，这样没有不成材的道理。再者说：世上无难事，只怕有心人。你如果终日贪玩，什么事都不学，这样的人，还不如早点回家，另做打算。

《生意世事初阶》之二十七：

【原文】言谈不可缺也。即或与人闲坐，亦要四处寻些话来讲讲。或叙寒暄，或谈时务，才成活变灵通之道也。

【译文】做生意，不可缺少言谈。即使与人闲坐之时，也要四处寻些话来叙谈。哪怕是嘘寒问暖，或者畅谈时事，这样才是活变灵通的处世之道。

《生意世事初阶》之二十八：

【原文】说话第一要谦恭逊让，和颜悦色。出口要沉重，有斤两，方成正人君子。大凡言语之中，不可浇漓刻薄，诡诘奸诈，兼之有碍他人短处，最要留心。

【译文】做生意，说话首先要谦逊、恭敬、礼让，和颜悦色。说话要沉着稳重，有分量、有分寸，这样做才是正人君子。大凡言语之中，不可冷淡刻薄，奸猾怪异，使奸要诈，如果有些话会触及别人的短处，更加要留心注意，不要揭人短处，给别人造成伤害。

《生意世事初阶》之二十九：

【原文】交易虽要言谈，却不要太多，令人犯厌。须说得得当。你若多言，不在理路上，人反疑你是个骗子。

【译文】买卖交易、推销商品时虽然需要交谈，但话语不要过多，以致让人讨厌。应该说得恰到好处。你如果言语过多，又不是讲得条条是道，那么别人反而怀疑你是个骗子。

《生意世事初阶》之三十：

【原文】生意人，要如春天气象，惠风和畅，花鸟怡人，才是有脸戏。

【译文】生意人一定要像春天般温暖，呈现一种春风和煦、鸟语花香的气象，使人感到心情舒畅，这样才是出色的表现。

《生意世事初阶》之三十一：

【原文】生意不比古时，目今若依古时做生意者，鬼也不上门。时下需要言如胶漆，口甜似蜜，还要带三分奉承，彼反觉亲热，买卖相信。

【译文】如今做生意不像古时候那样了，现在如果按照古时候的方式去做生意，连鬼也不会上门。如今做生意需要灵活变通，言如胶漆，口甜似蜜，还要外带三分奉承和恭维，这样，对方反而觉得亲热熟识，觉得你可以信任，值得和你做买卖。

《生意世事初阶》之三十二：

【原文】入人柜内，不可靠银钱之所，犹恐彼有失误舛错，就疑你三分。又道：失物厌来人。再者，亦不可翻人账目看，惹人讨厌。

【译文】进入别人的柜台之内，切不可靠近贮藏银钱的地方。人家的银钱一旦有差错，就可能会对你有几分怀疑。有道是：失物厌来人。再有，到人家柜台之内，也不可翻看人家的经营账目，以免惹人讨厌。

《生意世事初阶》之三十三：

【原文】有女子堂客来买东西，切勿笑言戏谑、趣语留连，外人看见不像样。再若被他喊叫詈骂，你脸面何存！总要正言厉色，把着交易做，不可放肆。

【译文】如果有青年女子或妇人前来购买东西，切不可笑言戏谑，说些挑逗暧昧的语言，让外人看见，不成体统。若是女子或妇人叫喊责骂，你脸面何存！生意人要时刻正言厉色，本本分分、老老实实地做生意，切不可放肆。

《生意世事初阶》之三十四：

【原文】面生人进柜，须要请教尊姓台甫，尊府何处，再问到此有何贵干，细细盘诘一番。恐防有歹人冒同进店，你疑他同伴。

【译文】如果有生人进入柜台内，要请教对方家住哪里、姓甚名谁，然后再请问对方来此有何贵干，这样仔细地盘问一番。要提防有坏人冒充他的同伴一起进店，你不要觉得他可能是客人的同伴。

《生意世事初阶》之三十五：

【原文】称买物银子，大市价钱，他是晓得的。假如货卖六分一斤，戥子就要放在六分三四厘上，一让再让，买人自不疑惑。

【译文】称顾客买物的银子，市场价钱，顾客都是知道的。假如货物卖价六分银一斤，那么戥子就要放在六分三四厘的位置上，一让再让，这样称量顾客自然不会起疑心。

《生意世事初阶》之三十六：

【原文】称大小秤，必须扶稳拿一，勿使低昂。如称他家货，必须捺着些；回来称己货物，必须撮着些，亦是取巧之小技，谋利之法门也。

【译文】用大小秤称物品，必须扶稳拿平，不要让秤杆高低不平。如果是称别人的东西，必须按着一些；回过头来称自己的货物，必须提着一些，这也是投机取巧的小技、谋取财利的法门。①

《生意世事初阶》之三十七：

【原文】称银与人，发货与人，付账与人，数钱与人，必须再三查算，交代明白，切勿慌张含糊，以致讹错遗失之患。

【译文】给别人称银两，给别人发货，给别人付钱，给别人数钱，都必须再三检查核算，一定要交代清楚，切不可慌张匆忙、含混不清，以免

① 笔者认为这一条体现了原作者的局限性和小生意人锱铢必较的心理。这条应该反过来看，正确做法是“如称他家货，必须撮着些；回来称己货物，必须捺着些”。俗话说：“吃亏是福。”不要因小失大，用小伎俩获利，不是君子所为。

出现差错、造成遗失或被讹诈。

《生意世事初阶》之三十八：

【原文】人既妥交之银钞，此时不可搅乱。俟停一刻再搅，犹恐彼不买而来退。其银不动，则彼自无话讲矣。

【译文】顾客交完购货的银两钱钞之后，不可当即放入银钱柜中搅乱。要等一等再搅乱，唯恐顾客因为某些原因回来退货。如果其所交付的银钞原封未动，那么退还银两的时候顾客自然没有话可讲了。

《生意世事初阶》之三十九：

【原文】人带银来买货，你问他买何物，先言价值，次看银水，再用戥秤。货价该若干，多则退，少则添。

【译文】顾客带着银两前来购买货物，应当主动问明对方购买何种货物，首先讲明价钱，其次观察其银两成色，然后再用戥秤称量。明确货物价格，多则退，少则添。

《生意世事初阶》之四十：

【原文】人来买物之银，先已称过，因交易不妥，既出去复回来者，务将他银包打开，复称复看。他若说你才称过，又称做什么，你回道：金银不过手，事不嫌细。

【译文】顾客用来购买货物的银两，若已经秤过，因为交易不妥，出店之后又返回来，一定要将对方交付的银子封包重新打开，复称复看。对方如果说你刚刚称过，又要过秤干什么，你就回答：金银不过手，事情不怕做得细致。

《生意世事初阶》之四十一：

【原文】熟人来买物之银钱，必须过数，多则退，少则补。故不论生人熟人，总要当面过数，方免后悔。昔时贤文有曰：莫信直中直，须防人不仁。山中有直树，世上无直人。

【译文】熟人买货的银两，必须数一遍，多则退，少则补。所以不论生人、熟人，都要当面清点，才可避免事后后悔。古时贤文写道：不要相信表面上的正直，要防备别人心存不良。心中有笔直的树，世上罕见正直之人。

《生意世事初阶》之四十二：

【原文】来往熟客，存整封炮头银子，务必当面拆开，查点明白，然后封固，皮上写某姓某名存记。切不可随手收下，最为误事。凡一切事务，大意不得，存神要紧。

【译文】常来常往的熟客，来店铺存放整封的银子，务必要当面拆开，查点清楚，然后再密封，在封面写明某人存记。切不可随手收下，这样做容易误事。凡一切事务，大意不得，多留神是最要紧的。

《生意世事初阶》之四十三：

【原文】对紧要人说话，俱要留神。有道：要知心腹事，但听口中言。你若不审来历，不究根底，只随口说出来，并不观前顾后，诚恐话里有机关，令人参破识透。故凡一切说话行事，必须思忖思忖！

【译文】对至关重要的人说话，要时刻留神用心。有人说：要知心腹事，但听口中言。你如果不仔细审其来历，不追究其根底，只是随口说出，并不考虑前因后果，那么你话中的隐情将很容易被对方猜透。因此，但凡一切说话行事，都必须再三思忖，应以谨慎为本。

《生意世事初阶》之四十四：

【原文】柜上做生意，不论贫富奴隶，要一样应酬，不可藐视于人。

只要有钱问我买货，就是乞丐花子，都可交接。哪里是应酬人，不过以生意为重，应酬钱而已。

【译文】在柜台上做生意时，无论顾客是富是贫，都要一视同仁，不可以貌取人，也不可歧视地位低下的人。只要是带有银钱向我购买货物，即使是乞讨者都可以交接应酬。其实不是应酬人，不过是以生意为重，而应酬银钱罢了，不必管是什么人。

《生意世事初阶》之四十五：

【原文】柜上只可一人对买者交谈，切不可个个插嘴，多话则不成大方生意。如买者执意不添，两下不能转弯，方着一人分剖几句，则生意就矣。

【译文】柜台之上只可有一个人和买货的顾客交谈，切不可人人都插嘴，话语过多就做不成大生意。如果购买者坚持己见不愿加价，买卖双方争执不下而僵持住了，才可以让另一个人上前分析几句，进行调解，那么生意也就谈妥了。

《生意世事初阶》之四十六：

【原文】柜上做生意，全要眼睛亮。第一要识得人。有道：遇文王而施礼乐；遇桀纣而动干戈。但发怒要想收头，又须知柔能制刚之法。

【译文】在柜台上做生意，全要靠眼睛明亮。首先是要能够分辨人。有人说：遇（周）文王而施礼乐，遇（夏）桀、（殷）纣而动干戈。当发怒之时，要想着如何收场，又必须知晓柔能克刚的方法。

《生意世事初阶》之四十七：

【原文】不可性急，性急则生意难成。三言两语，将几句呆话说完，及至结局，没得对答。又道：生意不成，言谈未到。

【译文】做生意不可性急，性急使生意难成。三言两语，就把话说完了，等到最后，反而没什么可对答的。有道是：生意不成，是话没说到位。

《生意世事初阶》之四十八：

【原文】店内生意兴，人多挤满，须逐一做妥、交货。自己拿定主意，总不慌张。须某人某宗，算清交付。

【译文】店铺内生意兴隆，客人众多，必须逐一做好收账交货工作。一定要自己拿定主意，始终不能慌张。某人某宗交易，结算清楚，交付明白。

《生意世事初阶》之四十九：

【原文】生意过滥则伤本，太紧则无人投奔，须要看人活变。如有所图者，作今日不成钱，还有下次扳本，不可不深察也。

【译文】做生意过于随意、大大咧咧，则容易折损本钱；过于严谨、斤斤计较，则没有人前来投奔。必须要根据顾客的实际情况采取不同的对策，灵活变通。如果是有利可图的，做好即使今天不赚钱，下次还有机会翻本的打算，不可以不深入细致地观察和分析。

《生意世事初阶》之五十：

【原文】做生意，看人来甚言谈，就要将甚话敌他，切不可嫩弱，总要应对如流。或批评你的货丑，亦不可蠢他；他善批，你亦善解。有道：褒贬是买主，说话是闲人。

【译文】做生意，要做到人有来言、我有去语，根据顾客说的话来决定自己怎么说，切不可显得幼稚软弱，要应对自如。有人批评你店中的货物不好，不要羞辱他；他善于批评，你也要做到善于解释。有道是：褒贬货物的才是买主，随意交谈的乃是闲人。

《生意世事初阶》之五十一：

【原文】买主进店，要看你货色好歹，可先将丑的与他一看。彼嫌不好，再把次一宗与他看，彼中意就罢。买者既合式，自然会高价买去。你若起初便把高货看，他必不信。

【译文】买主进店，要看你的货物质量好不好，可以先将成色略差一点的给他看一看。对方若嫌质量不好，再把稍好一等的拿给他看，直到他中意为止。顾客既然觉得合适，自然会以高价买去。你如果一开始就把质量最好的货物拿给顾客看，顾客必然不会相信这个是最好的。

《生意世事初阶》之五十二：

【原文】开口价钱，须留些退步。到后奉还，彼是信服的。你若突然说实在价，买者未能全信，决不肯增，只有减的。瞒天说价，就地还钱。

【译文】开口报价钱，必须留有余地。到后面再减价，对方是信服的。你若一开始就报了实在的价钱，顾客肯定不信，决不肯加价，只能减价。漫天要价，就地砍价。

《生意世事初阶》之五十三：

【原文】人问价不处意买者，就是照本就他一着，此所谓请客之法。倘或向我买，我亦卖与他，往后恐有发生拉扯，亦未可定，名为拉主顾也。

【译文】如果客人是随便问价，并不是真心实意要购买货物，可以按照本钱卖给他一次，这就是所谓的请客之法。倘若他听到报价后要来购买，我也要卖给他，因为以后还会与他进行交易也说不准，这就叫拉主顾。

《生意世事初阶》之五十四：

【原文】冷货讨价者，须要水马不离桥，不可过于离经。彼闻你讨价没影子，则伸舌而去。即或过路生意，亦只比大市略高昂些。

【译文】如果是冷门的货物，有人来问价，报价必须实事求是，不可过于离谱。一旦你报价过高，对方听后觉得价格不靠谱，就会离去。即使是过路生意，也只可比大市场价格略高一点，不可高得太多。

《生意世事初阶》之五十五：

【原文】生意还价不到本，是不卖的。还价过了头，是不卖的。或还价在路上，疑而不决，恍惚不定者，是不卖的。须三收三放，皆不放他出门之意。

【译文】做生意，顾客还价不到本钱的价格，是不卖的。还价过了头，是不卖的。或者在还价过程中，买家一直处在疑而不决的状态，也是不能卖的。需要三收三放，要有一定和他做成买卖的意思。

《生意世事初阶》之五十六：

【原文】还价不到本，或赚钞无多者，不可轻于放他出门。亦要迁就软跌，必须笑容相待，推之以理，详之以情，那人自然多寡也添些。

【译文】还价低于本钱，或者略有利润、赚钱不多时，不可轻易放顾客出门。而应当有所迁就，软磨硬泡，以笑脸相待，动之以情，晓之以理，那人或多或少会加一点钱。

《生意世事初阶》之五十七：

【原文】交易无论大小，须在柜前将交易做妥。故须细细揣摩，划算本利，卖得卖不得，不可自误。

【译文】交易无论大小，必须在柜前将交易做妥。因此要用心细细揣摩，合算本钱与利润，卖得卖不得要心中有数，不可耽误了生意。

《生意世事初阶》之五十八：

【原文】正经生意，也要慷慨大方些、泼绰些。不可格外苛刻，做出名声，才有些主顾投奔。

【译文】正经生意，也要慷慨大方些、痛快一些。不可斤斤计较，做出名声才会有更多的主顾前来购买。

《生意世事初阶》之五十九：

【原文】卖有利钱的货，平色微微差些，就要包含些，切莫执拗，定要价高色足，毫无推板。即无利之货，亦要活动为主。

【译文】卖有较大利润的货物，即使对方的银钱成色略微差一些，也要包涵一下，切不可过于固执，定要价高色足的银钱，丝毫没有商量的余地。即使是无利可图的货物，做买卖也要机灵一点。

《生意世事初阶》之六十：

【原文】门口各货，价钞卖定。倘或些微价高，必听听大市，方可长跌价。跌价须跌在人前，长价须长在人后，亦是拉生意之道。

【译文】店面上所销售的各种货物，价钱要保持稳定，不要轻易调价。倘若价格略微高了一点，一定要调查一下整个市场的销售状况，然后才可以决定是否调整价格。降价必须降在别人前面，涨价则必须涨在别人后面，这也是拉生意的方法。

《生意世事初阶》之六十一：

【原文】货价陡长，必须将货物从地头因何而贵，或是不出，或是遭干（旱），或遇水荒，以致缺长，如此分剖明白，下次自多投奔。

【译文】如果货物的售价突然上涨，必须将货物突然涨价的原因说清楚。如果是农产品，涨价也许是因为产地不出产了，也许是遭遇旱灾或水灾，以致货物短缺、价格上涨，如此这般剖析得明明白白，下次自然会有更多的顾客前来购买货物。

《生意世事初阶》之六十二：

【原文】门市货色，须剔选高货，放在门口卖，不但卖得起价，且而又有主顾。若门市生意，是养命之源，必须斟酌妥帖，不可潦草做坏，谨记谨记！

【译文】门市上的货物成色不同，必须挑选一些高质量、高档次的货物，放在门口销售，这样不但能卖得出好价钱，而且可以吸引顾客。假如门市生意是谋生的主要方式，必须仔细斟酌，安排妥帖，不可马马虎虎，千万不要因为不认真把生意做坏了，这一点一定要谨记！

《生意世事初阶》之六十三：

【原文】做惯小生意者，或有大生意投你手里做，就要打起精神，自己慷慨些，脱洒些。比不得小生意，锱铢必较，则非大方脉矣。

【译文】做惯了小生意的人，一旦接手大生意，就一定要打起精神，自己要显得慷慨大方、洒脱气派些。不能像做小生意那样斤斤计较，那不是做大生意的思路。

《生意世事初阶》之六十四：

【原文】现买现，俱要银全发货，免得他徘徊摆布，末后拔围。如若赊账，须看其为人若何，访其家底若何。有道：赊三千，不如现八百。又道：略占些便卖，纵对合不赊。

【译文】现钱买卖，都要在交纳金银后方可发货，免得对方犹豫，事后又反悔。如果是赊账，必须要观察对方为人如何，访查其家底情况。有道是：赊账三千，不如现金八百。又道是：少赚点就卖了吧，总比赊欠好些。

《生意世事初阶》之六十五：

【原文】待小官，犹如待自己子侄一般。既在店学生意，有道：在家靠父母，出外靠主人。方见朋友亲戚，有点血心关切。

【译文】店主对待年轻小学徒，要像对待自己的子侄一般。人家子弟既然在你店中学做生意，也就是你家的人了。有道是：在家靠父母，出门靠主人。用心对待，才可见朋友亲戚的一点血亲之心、关切之情。

《生意世事初阶》之六十六：

【原文】教训小官，先要论其资质若何。聪明作聪明教法，鲁钝作鲁钝教法。必须细心教他的生意，他后来成人，决不忘你善教之恩也。

【译文】教育年轻小学徒，首先要看他的资质如何。对聪明的学徒用聪明的教育方法；对笨拙的学徒，用笨拙的教育方法。必须耐心细致地教导他们做生意，而他们将来成才后，也绝不会忘记你教育他的恩德。

《生意世事初阶》之六十七：

【原文】东君固须体恤伙计，量材给俸。水深才养得鱼住。为伙计者，亦当尽心竭力。有道：食人之禄，必当忠人之事。至小官初学生意，更须谨慎和睦，不可傲慢怠惰。

【译文】店铺的老板固然要体恤伙计，根据才能给予俸禄。只有水够深才可以养得了鱼。而作为伙计，也应该尽心竭力地工作。有道是：拿了别人的俸禄，就一定要忠于其事业。至于年轻的小学徒初学做生意，就更应该谨慎小心、勤恳努力，切不可傲慢无礼、有所怠惰。

《生意世事初阶》之六十八：

【原文】出路雇船，要预先开一启程单，某宗某件，以便照单查点，犹恐投宿起船，慌忙失落。

【译文】如果雇船出行，应当预先开列一张启程单，将某宗某件行程写清楚，以便对照清单查点，以免乘船启程之时忙里出错。

《生意世事初阶》之六十九：

【原文】剃头切莫通眼、绞鼻，尤不可剔脚，只可长洗自剪。此老成历练之言，一生受益不浅，谨记谨记！

【译文】理发时，千万不要通眼、绞鼻，尤其是不可以剔脚，只可长洗自剪。这句老成历练之言能使人一生受益，千万要谨记！

《生意世事初阶》之七十：

【原文】烟酒最为误事，有损无益，孟子曰：事孰为大，侍亲为大；守孰为大，守身为大，戒之！慎之！

【译文】抽烟和酗酒最容易误事，有害无利。孟子说：什么事情最大，侍奉双亲的事情最大；守住什么最大，洁身自好、守身如玉最大。以此为戒，谨慎对待！

《生意世事初阶》之七十一：

【原文】新进店学生意。第一要和睦。小官往往有以大压小，以新间旧之弊，相为忌刻。有道：投师不如访友。你若格外和好，他自尽心指引，不至如盲人骑瞎马矣。牢记，牢记！

【译文】新进店学做生意，最重要的是与大家和睦相处。年轻的学徒之间，往往会以大压小、以新人离间旧人，学徒间相互忌惮。有道是：投师不如访友。你若是与人好好相处，他（指师兄、年长的学徒）自然会尽心尽力地指导你，使你不至于像盲人骑瞎马那样乱撞，找不到门路。这一点千万要牢记！牢记！

《生意世事初阶》之七十二：

【原文】古诗云：少年轻岁月，不解早谋生。晚岁无成就，低头避故人。俗云：吃不穷，穿着不穷，算计不到一世穷。家有一千银子，每日只用三钱，若不经营算计，不要十年全完。

【译文】古诗说：少年轻岁月，不解早谋生。晚岁无成就，低头避故人。俗话说：吃不穷，穿不穷，算计不到一世穷。家有白银千两，每日只用三钱，如果不经营算计，用不了十年就会花光。

小　结

《生意世事初阶》这本书对商人做生意有一定的启发意义，尤其是对学徒具有较大的教育意义。不过，书中有些内容已经不适用于现代社会了，比如书中提到的戥秤的使用、银两的辨别等方法。总体上说，这本书还是有价值的，除了介绍学徒如何学习以外，还讲了一些做人的道理，大家不妨仔细研读。

第二节　商业经营

范蠡大家都很熟悉，后人尊称他为“商圣”。据传，计然是范蠡的师父，是春秋时期著名的战略家、思想家和经济学家。“计然”并不是其真实姓名，而是取善于计算运筹之意。据说计然是老子的弟子，博学多才，无所不通，长于计算。据《史记·货殖列传》记载，范蠡经商所使用的就是计然之策，后人用计然之策泛指生财致富之道，下面抄录了计然之策供大家学习参考。

一、计然七策

相传越王勾践被困于会稽之上，用计然之策，修之十年而国富；范蠡既已雪会稽之耻，用计然之策于家而富至巨万。计然之策，主要指“六岁穰六岁旱”的农业循环学说，农末俱利的平粜论，以及物价观测、贵出贱取等经商致富的“积著之理”。

策之一：

“知斗则修备，时用则知物，二者形则万货之情可得而观已。”

“故岁在金，穰；水，毁；木，饥；火，旱。旱则资舟，水则资车，物之理也。六岁穰，六岁旱，十二岁一大饥。”

策之二：

“夫粜，二十病农，九十病末。末病则财不出，农病则草不辟矣。上不过八十，下不减三十，则农末俱利，平粜齐物，关市不乏，治国之道也。”

策之三：

“积著之理，务完物，无息币。”

策之四：

“以物相贸易，腐败而食之货勿留，无敢居贵。”

策之五：

“论其有馀不足，则知贵贱。”

策之六：

"贵上极则反贱，贱下极则反贵。"

策之七：

"贵出如粪土，贱取如珠玉。财币欲其行如流水。"

二、计然篇

然者，自然，天然，必然，物之道也。物道乃物之情与势，不依人意所动。视物之情与势而计所为，不求于心，不责于人。计其始末，智基于此矣。疾疾缓缓，曲曲直直，如依水而舟，依鱼而网也。顺其自然，为可为，避不可为。无可无不可，则容与率然，始有我。

计物之情与势必于审时度势，不可不察。势之蓄当有时，谓之机缘也。贵在得时。势成则时至机至，虽难而易，其效自然。势不成则时不至机不至，虽易犹难。时过则境迁，机缘尽失，大势去矣。审时度势之妙在择时捉机。权衡时机，尤当精察，毫厘必较，成败由此。择时之妙，如逐如竞，如捕如捉。待时而动，动不妄举。动静，迟速，轻重，繁简，必以时定。此一时非彼一时也。待时蓄势，备而待发，则静如泰山。得时则发如疾电，时不我待，稍纵即失。疏于此而欲其功，无异缘木求鱼。

三、计然曰

计然曰《史记·货殖列传》记：

昔者越王勾践困于会稽之上，乃用范蠡、计然。计然曰："知斗则修备，时用则知物，二者形则万货之情可得而观已。故岁在金，穰；水，毁；木，饥；火，旱。旱则资舟，水则资车，物之理也。六岁穰，六岁旱，十二岁一大饥。夫粜，二十病农，九十病末。末病则财不出，农病则草不辟矣。上不过八十，下不减三十，则农末俱利，平粜齐物，关市不乏，治国之道也。积著之理，务完物，无息币。以物相贸易，腐败而食之货勿留，无敢居贵。论其有馀不足，则知贵贱。贵上极则反贱，贱下极则反贵。贵出如粪土，贱取如珠玉。财币欲其行如流水。”修之十年，国富，厚赂战士，士赴矢石，如渴得饮，遂报强吴，观兵中国，称号“五霸”。

范蠡既雪会稽之耻，乃喟然而叹曰：“计然之策七，越用其五而得意。既已施于国，吾欲用之家。”乃乘扁舟浮于江湖，变名易姓，适齐为鸱夷子皮，之陶为朱公。朱公以为陶天下之中，诸侯四通，货物所交易也。乃治产积居。与时逐而不责于人。故善治生者，能择人而任时。十九年之中三致千金，再分散与贫交疏昆弟。此所谓富好行其德者也。后年衰老而听子孙，子孙修业而息之，遂至巨万。故言富者皆称陶朱公。

（一）明路

【原文】计然曰：“人生于世，非财无以资身。产治有恒，不商何以弘利。”

【译文】人生在世，没有财产就无法得到生存和发展。财产的运作遵循固有的规律，它本身不会自动增值，不经商就无法获得利润。

【范蠡按语】财为养命之源，人岂可无有，而不会营运，则蚕食易尽，必须生放经商，庶可获利，为资身策也。

【译文】财产是滋养生命的源泉，是生存之本，人们岂能没有财产？但是如果不掌握经营之道，那么这些财产就会像蚕吃桑叶一样，一点一点地被消耗掉，很容易坐吃山空。因此，必须运用财产来从事商业活动，这样才能获得利润，使财产如有了生命一样得以生长，这是每个人安身立业的策略。

（二）擅谋

【原文】计然曰："财溺于人共爱，义取者希。利起于众所争，贪嗜者伙。"

【译文】钱财沉浸在世人的共同喜爱之中，能在道义的立场上获取钱财的人世上少见。利润正是在众人的你争我夺中获得的，那些贪心、视财如命的人，比比皆是。

【范蠡按语】爱是以人多竞求强取，致有丧身失德，忘耻受辱，甘当无悔。其知义安分，不事妄贪者，世之罕有。

【译文】正是因为对钱财的喜爱，所以人们竞相追逐钱财、强取豪夺，以致有的人失去了羞耻之心，甚至受到别人的侮辱，还心甘情愿、无怨无悔。由此可知，能够深明道义、安分守己、满足现状，并且不作非分之想、没有贪心杂念的人，世上罕有。

（三）知人

【原文】计然曰："人皆人，贪廉无辨。心非心，真伪难知。"

【译文】人与人在表面上看起来都一样，无法辨别一个人是贪心的，还是清廉的。人心与人心大不相同，是真心还是假意难以知道。

【范蠡按语】人不处财，心不久交，徒以面情相觌[①]，语言相奉，而不识其忠诚奸诈，嗜利苟且，必须试之以财帛，处之于患难，然后其人其心则详知矣。

【译文】如果人们之间没有利益关系，没有长久的真心相处，只是平时见面打个招呼，偶尔相互奉承、寒暄几句，那是无法认清此人是忠厚诚实还是奸邪诡诈，无法认清他是不是贪图利益、只顾眼前、敷衍了事的。

---

① 觌：音 dí。见，相见。

必须用钱财锦帛来试探他，在患难之时与他相处，然后我们就可以详细地知道他和他的心是什么样的了。

四、结势

【原文】计然曰："交接非人，虽万金无足论有。"

【译文】如果交往和接触的人都不是好人，那么即使拥有万金，也不能称之为有钱。

【范蠡按语】朋友者，夥[①]计者，不独通财，而身家百尔所系。与其高者吾亦高，与其低者吾亦低，如形处鉴[②]，美恶因之，交结苟非良人，导我于不善，虽万金易败，安得云乎有哉。

【译文】交往朋友、雇佣伙计，你和他们之间，不仅是钱财关系，而且还关系到你自身的家庭、财产等各个方面。与高明优雅的人交往，那么我也会变得高明优雅；与低微卑劣的人交往，那么我也会变得低微卑劣，这就好像照镜子一样，美丽还是丑恶都取决于照镜子的人。交往、结识的如果不是善良、诚实的好人，那么我就会被误导，即使钱财再多，也容易被损耗掉，这怎么还能说自己是有钱人呢？

五、精算

【原文】计然曰："不俭不怜，徒负披星步峻[③]。且俭且怜，风雨无虑。"

【译文】不节省、不爱惜钱财，就相当于白白承受了披星戴月、跋山涉水的辛苦。节省、爱惜钱财，才能风雨无忧。

【范蠡按语】为客商，不辞晓夜，登山渡水，所需微利，皆由惊恐辛

---

① 夥：通"伙"。

② 鉴：镜子。

③ 峻：山高大而陡。

苦而来。若不俭省爱恤，则动渠劳碌何益哉。

【译文】作为奔波各地的商人，早起晚归，跋山涉水，所获得的那一点微小的利润，都是辛苦钱。如果不节省、不爱惜钱财，那么奔波劳碌又有什么用呢？

六、扬善

【原文】计然曰："慈能致福。"

【译文】慈善能够带来福分。

【范蠡按语】若谓慈善之人希锡[①]福，此亦臆说。盖慈善存心端正，动履庄严，所作所为，不由歧险，是以多获平坦福也。

【译文】如果说那些慈善的人是希望自己能得到上天赐福，那么这种说法是没有根据的。因为有慈善之举的人，他的动机是好的，他的举止是庄严的，所作所为不会误入歧途，所以，这样的人大多会获得一种平坦之福。

七、捕机

【原文】计然曰："夸他鉅（巨）钞，暗挟此人。羡某至诚，意讥本客。客来无货，非取帐（账）必是等人。买主私谈，不扣银定然夹帐（账）。"

【译文】谈生意时，夸耀其他人有许多钱财，是为了暗中向对方施加压力。以羡慕的口气说其他人诚实守信，则是有意识地讥讽对方。客商来到却没有携带任何货物，那么不是来索取账款，就是在等候别人。买主私下里商议、交谈，不是想扣钱，就是想在账款上做文章。

① 锡：在这里作"赐"解。

【范蠡按语】对此客而夸别客本大货多，使此客不能自安，于中有暗挟之意也。封我谈他人忠厚，必有刺我刻薄之意。若客来空手无货，非向主家取账，必是等候亲友。主家与买主私地密言，恐其旧有所欠，扣我货银抵补，不然货价腾长，背后定议，满匿我价钱也。

【译文】对当前的客商夸耀其他客商本钱大、货物多，是为了让这个客商不能安稳、沉着，以便暗中要挟。对我大谈别人的忠诚、厚道，一定有讽刺我刻薄的含义。如果客商来时，没有携带任何货物，那么不是向主人家索取账款，就是为了到此来等候亲朋好友。若主家与买主私下秘密商议，必须小心，他们之间可能有旧账未清，会把我的货款扣下作为抵押、补偿；如果不是这样，就是货价突涨，他们在背后秘密商议，对我隐瞒这些价格。

八、造场

【原文】计然曰："施为小巧弗边幅，返更中坚。门面彰扬广招摇，须疑内空。多因行大放胆，十有九危。"

【译文】做事细心、灵巧，不在边际上下功夫，反而证明他内部充实。表面上铺张虚华，四处张扬、招摇过市，则一定要小心，他很可能是空架子。有许多客商，因为对方行事张扬，仿佛很有实力，于是冒险行事，这样做十有八九会有危险。

【范蠡按语】作事规模鄙小，不务彰大门面，其中毕竟充实。摆大架子，弄虚头，其内多主不实。客因见牙侩①行事彰大，财货放胆托付，不为疑虑，一值倾坏，所负不啻万金，安可以大行而怠意哉？

【译文】做事规模不大，不追求门面气派，其内在一定是很有实力的。

① 牙侩："市侩"。原指牙齿咬合，引申为"为买卖双方说合的经纪人"，亦指商人。

喜欢摆大架子，追求虚华、玩弄张扬，其内在多是名不副实的。客商往往见到经纪人行事张扬、架子大，便把货物十分大胆地托付于他，既不怀疑，也不担心，一旦事情出了变故，所亏损的一定不是个小数目。怎么可以因为经纪人的门面声势而粗心大意呢?

九、自诚

【原文】计然曰："好歹莫满牙侩，交易要自酌量。"

【译文】货物的优点和缺点切不可对中间商隐瞒，做生意一定要自己斟酌，思量孰轻孰重。

【范蠡按语】货之精粗好歹，实告经纪，使好裁专夺卖。若昧之不言，希为侥幸出脱，恐自误也。买卖交易，要自立主意，不可听旁人拦阻。齐行煞价，惧我成交，意图脱彼货也，故宜自做酌量。

【译文】货物的精细和粗糙之处、优点和缺点，必须据实告诉经纪人，使他们可以依据实际情况来定价出售。如果将这些都隐瞒，不告诉他人，希望凭侥幸把货物售出，恐怕会误了自己的事情。进行买卖、决定交易，一定要自己思考、拿主意，不可随意听信别人的意见。尤其是在同一行业里，有人一齐将价钱降低，阻拦我成交货物，再借机把手中货物卖出。所以做生意一定要自己斟酌、思量，不可轻信他人。

十、笃义

【原文】计然曰："齿下不明，久后徒然溷赖。当场既允，转身何必趦趄。"①

【译文】当时没说清楚明白，日后再怎么说也没用，会无故发生抵赖、

---

① 溷：意指污秽，本文通"混"。趦趄：通"趑趄"，指行路困难，此处比喻犹豫徘徊。

不认账的情况。既然当场已经答应了，过后就不要再纠结。

【范蠡按语】交易之时，即要讲明价钱银水，若含糊图成，齿下不清，至会帐必然溷赖争竞。买卖允与不允，决于当时，既已成交，转身鬼相嗟怨，此皆非君子交谊也。

【译文】在做交易的时候，一定要把价钱、折扣等问题讲清楚。如果一味追求达成交易，任由各项条款含混不清，等到付款、对账时，一定会无故发生抵赖、不认账的情况，以至于产生不必要的争执。买卖成与不成，必须在当时作出决定。既然已经成交，事后再犹豫徘徊，或私下叹息埋怨，这些都不是君子之间的交往。

十一、和世

【原文】计然曰："和能处世，俭能治家。"

【译文】和可以处世，勤俭可以治家。

【范蠡按语】心性和则气血理，气血和则病不生，骨肉和则无戕。处人和则无争，家和则道昌，国和则治强，四海和则万邦宁也。

【译文】心性平和，气血就能按其固有的规律运行；气血和顺就不会生病；骨肉相合，则身体无恙。与人和睦相处，那么就不会有争执；家庭和睦，则家业兴旺；国家和谐，则国家繁荣昌盛；四海和谐，则万邦安宁。

十二、守规

【原文】计然曰："爱身须守法，保有在安常。"

【译文】一个人若是爱惜自身，就必须要守法；一个人若想保有自己的财产，关键在于保持一颗安稳、宁静的平常心。

【范蠡按语】要求辱不加身，凡事依理守法，欲保不失所有，切戒妄想贪求。

【译文】希望屈辱不降临到自己身上，那么处理任何事情时都应当遵循法律和道德规范。希望保护自己的财产，使其不遭受损失，那么就应该摒弃一切不切实际的幻想和对财富的贪欲及不当奢求。

十三、沉气

【原文】计然曰："便宜莫买。浪荡莫收。"

【译文】便宜的货物一定不要买，浪荡之人拿来的东西不可收下。

【范蠡按语】物件真正者，要买须先付定银，然后求取。似为难得之物，若价廉迁就，物非低假，恐来历不明，衣非殡衣即盗赃也。为牙者当止客买，免贻后患。旅中家仆，百凡所托，苟非其人，盗货而赖主家者有之，伺本主出门盗财物者有之，不可不慎。凡人故无根无保者，切不可收，亦勿怂①成。若客黩②地自取，亦须谨防，毋以心腹相待。

【译文】来路正当、品质好的货物，如果要买的话，一定要先付部分定金，然后才能请求取走。看起来似乎是难得的东西，如果因为价钱很便宜就迁就着买下来，那么这货物即便不是假冒伪劣品，恐怕也是来路不正的。衣服如果不是死人所穿的殡衣，就一定是盗窃得来的赃物。作为中间人，一定要阻止客商购买这些货物，以免留下后患。主人外出旅行，家中大小事务都托付给了仆人，如果这仆人不是好人，会将盗窃来的钱财说成是主人家的，或者借着主人出门的时机，盗窃财物拿出来卖，所以收购货物时，不能不小心。如果卖主没有根据，也没有保人，那么千万不可以收下，也不可以鼓动、怂恿交易达成。如果客商暗地里自己买下，那么一定要小心提防，不要以心腹相待。

十四、仕怨

【原文】计然曰："以心度心者少，以德报德者稀。劣御报德，犹如挟

① 怂：鼓动、撺掇别人去做某事。

② 黩：音 xū，形容黑。

山超海之难。好意救焚，恐堕指鹿为马之术。”

【译文】将心比心的人少，以德报德的人也不多。想以卑劣的行径来报答恩情，犹如想挟着大山跨过大海，是不可能实现的事。好心好意地在别人危难时来帮助他，最后却落入别人指鹿为马、颠倒黑白的圈套中。

【范蠡按语】客之投主，宾有益尔，其至诚至德，无间然焉。但主家不能体心，侵渔客体，甚有负其美意云。既坏之经纪，虽怀报客之恩，然行止有亏，不能服人，徒有心而力不及耳。客见主家落薄，债集讼缧[①]，务垂慈悯而救援之。但主不体心，惟图目前之急，而返恣好诡，侮弄讵掣，所谓恩多反成怨矣。

【译文】有客商来到此处，实际上带来了很大益处，而且客商诚实守信、品德高尚，如果主人不加猜疑，就可以得到很大好处。但如果主人不能体察客商的内心，侵犯了客商的本意，这就极大地伤害并辜负了客商的好意。名声已经毁坏的经纪人、中间人等，虽然在内心里想报答客商的恩情，但是其行为举止已经有了亏欠，无法让别人信服，有报恩之心却无行动之力。客商见到主人家没落，日益困难，债务已经积累到被上告至官府，甚至有可能下大牢的地步。客商本来是怀着仁慈、怜悯的心，想救护、援助主人家，但主人家却不能体会客商的内心，只顾眼前利益。主人家为解燃眉之急，恣意妄为，玩弄诡计，欺侮、牵制、阻挠客商，这就是人们所说的恩德施得太多了，反而结成了仇怨。

十五、适援

【原文】计然曰：“阴消之辈不堪扶，暴溺之流还可援。”

【译文】阴沉、消极的人是不值得去扶助的，偶尔失足的人就如同突然落水的人，是可以援助的。

---

① 缧：古代捆绑犯人用的黑色大绳子，引申为囚禁。

【范蠡按语】无算计无志之人，承祖父之基，蚕食殆尽者，决不可扶。若平昔有能有干，偶遭横祸，丧本倾家者，期后还当复发。

【译文】不懂得谋算、不做规划、没有志向的人，继承祖上留下来的遗产，一点一点地坐吃山空，这样的人是绝对不值得扶助的。假如以往有能力、有才干的人，突然遭受无法预料的祸患，丧失了本钱，倾家荡产，这样的人以后还会再度发达，(所以可以施之以援手)。

十六、藏锋

【原文】计然曰："逢人不令露帛，处自亦宜藏钞。"

【译文】在外遇到别人不要露出钱财，即使独自一人时，也应该将钱财隐藏起来。

【范蠡按语】乘船登岸，宿店野行，所佩财帛，切宜谨密收藏。应用盘缠，少留在外。若不仔细，露帛被人瞧见，致起歹心，丧命倾财，殆由于此。居家有财本，积亲友见之，或来求借，不惟无以推辞，若拒之必开其怨隙也。银钱多在目前，遇物必买，当俭亦丰，当省亦费。至于一旦穷窘，求友固难，求妻不易，何莫平素积藏，少荡己心，少炫人目，诚哉财宜藏也。

【译文】坐船上岸、住店或者在野外旅行时，对于所携带的钱财，一定要谨慎地收藏起来。所需用到的钱，可以留少部分在外面。如果不小心，钱财露在外面被坏人看见，使坏人起了为非作歹之心，那么丢掉性命、失去财产，都是因此而起的了。家中积累的钱财，若不藏好而被亲朋好友看见，便很有可能有人来借钱、请求帮忙，这样不仅无法推辞，而且假如不肯出借的话，必定招致他人的怨恨，滋生相互之间的矛盾。钱财若不放置起来，而置于手边眼前，一遇到商品就购买，这样本来应当节俭的也变得浪费起来。穷困、窘迫时，请求朋友帮助本来就非常困难，请求妻子帮助也很不容易，那么为什么平常不积攒一些呢？不要让自己的心放纵，少向他人炫耀。财产应当隐藏、储蓄起来。

十七、眼锐

【原文】计然曰："穷莫易守，钝莫废常。"

【译文】身处困境时，不要改变自己做人的准则；时机不成熟或未来临时，不要放弃自己平时所坚持的志向。

【范蠡按语】清操洁白者，虽遭极窘，不可易志，变而为贪。锐志向上者，或因时钝，不可自辍，失其所素。苟若变易初心，前功尽废，惜哉。

【译文】一个品行端正、清廉的人，即使处境困难，也不可改变自己做人的准则，变成一个贪爱财物的人。一个志向高远、积极进取的人，遇到挫折时，不可以自甘堕落，失其本心。倘若改变自己最初的做人原则或志向，就会前功尽弃，这实在是很可惜的。

十八、防患

【原文】计然曰："争先忧者无忧，患预防者不患。"

【译文】抢在他人之前忧虑即将发生的危险的人，在危险来临之时就不会再产生忧虑；在危险未来临之前，就已做好预防措施的人，等到危险降临之时，也就没有什么好担心的了。

【范蠡按语】凡事当备其未来，则临期不受其踽（局）蹴①。凡患当防其未然，则祸害不至于深重。若茫然无知则患大，坦然不备则事急。俗云："未有水来先作坝"，此之谓也。

【译文】凡事都应在它未发生之前做好准备，那么，一旦发生就不会手足无措。但凡会遇到的危险，要在它未发生之前就做好预防措施，那么，当危机发生时，所造成的损害必然是最轻的。如果对将要发生的事

① 局蹴：犹委琐，庸俗不大方。

情一无所知，那么，一旦出现问题，可能就是大的祸患；如果明明知道却不采取任何措施，任由其发生发展，那么，原来可从容面对的事情会显得很急迫。俗语说："洪水没有来临之前，就应筑好堤坝"，就是这个道理。

十九、知市

【原文】计然曰："涨跌先知，称为惯手①。壅②通预识，可谓智人。"

【译文】能预料货价的涨跌，这样的人可以称为内行。能想通别人想不通的、预见别人预见不到的，这样的人可以称为智慧之人。

【范蠡按语】作牙作客，能料货之行与不行，逆知价之长跌，而预有定见，是为真老成也。

【译文】不论是作为经纪人，还是作为客商，能够预料到货物是畅销还是滞销，能够预见货价将要涨还是跌，从而提前有了确定的看法和相应的策略，这样的人才是真正老成的行家。

二十、巧损

【原文】计然曰："益自损生。"

【译文】利益从损失中生成。

【范蠡按语】不遭离乱则不知艰苦，不经挫辱则不知退省。知艰苦者，竞竞于事，无有不工。知退省者，审而后行，无有不善。故淹狱者厌讼，堕险者怯登。与夫骤进初仕，拔奇吐异，恃己长而逞胜无已，直待堇菲折挫，然后缄默慎行。

【译文】一个人如果没有流离失所过，就不会懂得生活的艰辛；如果

① 惯手：精通于某种技艺的内行、熟手。

② 壅：堵塞。

没有经历过挫折，那么在遇事时就不会懂得退让和反思。一个人知道了生活的艰辛，才会兢兢业业，不敢有丝毫懈怠，把每件事情都做好。一个人懂得了退让和反思，就会仔细考虑后再动手做事，那么，所遇到的问题就会得到妥善解决。因此，曾有过牢狱之灾的人，厌烦同人打官司；曾有过高山失足经历的人，一提登山就会畏怯。然而，也有些突然之间取得成功或初次进入仕途的人，他们行事追求出风头，凭借自己的长处在人前逞强好胜，直到受尽挫折后，才懂得要少说话、谨慎行事。

二十一、利诱

【原文】计然曰："有势主家，宜以心结。无钱牙侩，要在利予。"

【译文】对于有势力的人（卖主、买主、经纪人），应该与其用心来交往，培养彼此的感情。而对于没有钱财的经纪人，应该让利于他。

【范蠡按语】宦家及豪杰经纪，钱入其手，难与角力，须推心置腹，隆施优遇，不可轻口乱言，彼此愈加公道报我。若贫穷窘迫之主，凡事相益扶持，有利于彼，使怀我恩我，事未必无济也。

【译文】对于官宦之家和经纪人中的豪杰，给他们钱财，作用不大，钱收买不了他们的心，必须推心置腹地与他们结交，尽量对他们施以隆重的礼仪和给予优厚的待遇，不要口出狂言、胡言乱语。这样对方也必定会平等、公道地来对待我。如果对方是贫穷、有困难的人，就应该扶助、支持他，为他着想，让利于他，那么他必然会感念我的恩情，感激我，这对我必定会有好处。

二十二、逐时

【原文】计然曰："现银强过不知机，守货齐行多自误。"

【译文】收到现款比不知道把握机会强许多，守着货物想要卖个好价钱不肯轻易卖出，最后往往把机会给错过了。

【范蠡按语】货到地头，终须要卖，若见现银，勉强增价，过于坚执，或听旁人搊[1]族，错过机会，遂致买寝货阁，后悔无及，未免有失度无船之叹。

【译文】货物运到了要出卖的地方，终究必须卖出，如果有人肯出现金购买，卖主却一定要加价，非常固执，或者听信别人的意见，白白错过大好机会，最后导致失去买主、货物搁置，后悔都来不及，这就像失去渡河良机找不到渡船了一样无奈地感慨。

二十三、交久

【原文】计然曰："好客不欲频换主，良牙安肯负初心。"

【译文】好商人绝不会频繁地更换交易伙伴、合作对象，高明的经纪人无论如何不会辜负当初的交情。

【范蠡按语】交久而情愈笃，君子也。朝恩而夕寇仇，小人也。客既有扶持之心，主岂无报效之意。多有客陋旧主而美新东，昨张家而今李店，岁无定主，遂使效意不坚，欲其国士之报，难矣哉。

【译文】交往的时间越长，相互间的交情就越深厚，这是正人君子的做法。刚刚受到别人的恩惠，就马上变成了别人的敌人、仇家，这是小人的做法。客商既然有了扶助、支持的意愿，那么对方怎么会没有报答、效力的想法呢？许多商人往往贬低原来的合作伙伴，赞美新伙伴，昨天才和张家为友，今天又与李家结盟，一年之内没有固定的合作对象，那么他一定是不牢靠的，要让他像忠诚的卫士一样效力，太难了吧！

二十四、积恩

【原文】计然曰："积恩则昌，积怨则亡。"

【译文】积攒恩德会使自己的事业兴旺发达，积怨则导致灭亡。

【范蠡按语】恩岂若窦禹钧、冯商，博施济众，人所难能。但于随

---

① 搊：音 chōu，琵琶弹奏的一种指法，用中指抠撮。

事之间，方便语言，惠而不费，或见贫窘求贷，帮助总成，不为拦阻打破；见人错路履险，指示平康；或规人免祸，俱不费力费钱，是即恩也。

【译文】积恩并非一定要像窦禹钧、冯商那样广泛施舍、救济众人，因为并不是所有人都有能力这样做。其实恩情更多地体现在平时的一些细微之事上：如在关键时刻说一两句方便他人的话；给他人一些好处却不收取费用；在贫困窘迫的人乞求帮助时，挺身而出，助他达成所愿；看见有人走错路而身处险境时，指点这个人走出困境；规劝他人使其免遭祸患。这些做法都不会损耗自己的财力，却于人有益，这就是施恩了。

二十五、懂行

【原文】计然曰："不识莫买，在行莫去。"

【译文】不清楚、不熟悉的货物千万不要购进；在一个行业做成行家后，不要轻易离去。

【范蠡按语】平昔生意，惯熟货物，虽然利微，亦或遇而不遇，切不可轻易丢弃，改换生理。暴入别行，而货物真假未必全识，价值低昂难以逆料，以致倾覆财本。然作客贩货官，固守本行为是。

【译文】平日做惯的生意，已经熟悉的货物，尽管利润很少，但不论有没有机会，都不要轻易丢弃而改做别的生意。突然转入别的行业，对货物的真假不一定能全部识别，对货物价值的高低也很难作出正确判断，这些都有可能导致将本钱全部赔光。由此可知，作为商人或贩卖货物的人，应当本分地从事自己熟悉的行业。

二十六、分权

【原文】计然曰："合伙开行，择能者是从。分头管事，以值者可托。"

【译文】合伙开办商铺、经营生意，应该选择最有能力的人来领导，一切听从他的安排。把工作托付给能胜任的人，大家各自分管一些事情。

【范蠡按语】一行若有数人合伙，客当择其股厚者托之本，能事者托之鬻，他日分伙相投亦如是也。轮宝如同打劫，独任尚顾门风。毋论兄弟叔侄，合伙共开一行，若轮流管年管事，各要顾己赚钱，不肯推让牙用，妄施本文，知客再来，落于谁手？与其独自开行，尚图下年，百凡宽让，以顾门面也。

【译文】数人合伙开办商铺的，应该选择其中最有实力的人来托付本钱，选择最有能力的人来托付大小事务，即使将来大家分伙时，也应该这样办。无论是兄弟还是叔侄，合伙开办一个店铺，如果按年头来轮流管事，那么每个人都只想着为自己赚钱，不会尽心尽力地做事，不会设法与中间人、顾客打好交道。可能会随意地签合约，熟客再来，也不知道轮到谁管事了。这样看来，如果合伙做生意采取轮流管事的方式管理，还不如独自开设店铺，这样还能顾及下一年的生意，凡事都能宽厚、礼让，顾及自己的商誉和信用。

二十七、尽才

【原文】计然曰："随才而授，不失。量力而行，少愆。"①

【译文】根据员工的能力和水平，让他从事与自己能力相符的工作，则不会失败。根据他人和自己的实力，做力所能及的事情，则不会有过多的错误。

【范蠡按语】客货投牙，资本托伙，先察其为人，能干力练何如。宁可大才而小使，不可小才而大用。才不称事，必至丧败。力不任重，必至倾倒。家用价仆之徒，亦必因才器使，庶无废格不治之事也。

---

① 愆：错过，过失，耽误。

【译文】客商把货物交给中间人，把资本托付给合伙人，要事先观察他们的为人处世，看他们的能力磨炼到何种程度，宁可大材小用，也不可小材大用。让有能力的人去做简单的工作不会有太多坏处，但让没有能力的人去做复杂的工作，他就无法胜任，这必然会使生意失败。家仆、佣人之类，也要根据他们的能力来使用，这样就不会有出格的事情发生了。

二十八、小结

计然之策如果确实出自春秋时期的圣贤，那么距今已有2700多年了，后来计然之策成了生财致富之道的代名词，这说明了后人对计然经商之道的认可。因此，计然之策可以看作古代商道的总括和代表，是道家的经商方略。

第三节　商经、商训

古人给我们留下了很多商业经和商训，其中有很多值得大家借鉴和学习的，比如“秤砣虽小能称人间不平，利润再高不取无义之财。”笔者收集了一些古代商经、商训供大家参考。

一、《商经》节选

理财篇

财，穷极而至。然，积也，易也，便也，予之欲。

财，余也。无欲，无恶，人欲趋之，本性以然。

天地之万物，亦易也。唯情以丰，弱恒之。

财事篇

欲财者，察五事。一曰仁，二择地，三应时，四观人，五辨物。

财计篇

天地，阴阳，玄之又玄。财生于地，应天道，多广大，计于人。

仁义篇

以仁和，广聚义，得才杰，积千金。
仁，王者。仁和正中。

观人篇

人，情，理，法。以微，恒，喜，恶辨之。
观人，不知，知人，自知。

辨物篇

辨物者，不详不做，不明不做，不识不做。

奇财篇

奇者，谋也。以正和，以计胜。动而观，静而扰，观全局，制奇胜。
奇者，速也。唯弱、痴、妄者不可。

国运篇

国运，策，法，众，时也。

人为篇

人之财运，有三：一、青年以谋，二、中年合谋，三、壮年才谋。

易篇

低买高卖，买东卖西。

二、范蠡商训

（一）《商训》

能识人。知人善恶，账目不负。

能接纳。礼文相待，交往者众。

能安业。厌故喜新，商贾大病。

能整顿。货物整齐，夺人心目。

能敏捷。犹豫不决，终归无成。

能讨账。勤谨不怠，取行自多。

能用人。因才施用，任事有赖。

能辩论。生财有道，阐发愚蒙。

能办货。置货不苛，蚀本便经。

能知机。售贮随时，可称名哲。

能倡率。躬行必律，亲感自生。

能运数。多寡宽紧，酌中而行。

（二）《陶朱公经商十八法》

生意要勤快，切勿懒惰，懒惰则百事废。

接纳要谦和，切勿暴躁，暴躁则交易少。

价格要订明，切勿含糊，含糊则争执多。

账目要稽查，切勿懈怠，懈怠则资本滞。

货物要整理，切勿散漫，散漫则查点难。

出纳要谨慎，切勿大意，大意则错漏多。

期限要约定，切勿延迟，延迟则信用失。

临事要尽责，切勿放任，放任则受害大。

用度要节俭，切勿奢侈，奢侈则钱财竭。

买卖要随时，切勿拖延，拖延则机会失。

赊欠要识人，切勿滥出，滥出则血本亏。

优劣要分清，切勿混淆，混淆则耗用大。

用人要方正，切勿歪斜，歪斜则托付难。

货物要面验，切勿滥入，滥入则质价低。

钱账要清楚，切勿糊涂，糊涂则弊窦生。

主心要镇定，切勿妄作，妄作则误事多。

工作要细心，切勿粗糙，粗糙则出劣品。

说话要规矩，切勿浮躁，浮躁则失事多。

（三）《十二戒》

勿鄙陋，勿虚华，勿优柔，

勿强辨，勿懒惰，勿固执，

勿轻出，勿贪赊，勿争趣，

勿薄育，勿昧时，勿痴赁。

（四）五字商训

五字商训——天、地、人、神、鬼。

天为先天之智，经商之本；

地为后天修为，靠诚信立身；

人为仁义，懂取舍，讲究“君子爱财，取之有道”；

神为勇敢，遇事果敢，敢闯敢干；

鬼为心机，手法活络，能“翻手为云，覆手为雨”。

三、鸿泰商训

斯商，不以见利为利，以诚为利；

斯业，不以富贵为贵，以和为贵；

斯买，不以压价为价，以衡为价；

斯卖，不以赚赢为赢，以信为赢；

斯货，不以奇货为货，以需为货；

斯财，不以敛财为财，以均为财；

斯诺，不以应答为答，以真为答；

斯贷，不以牟取为贷，以义为贷；

斯典，不以值念为念，以正为念。

四、乔家商训

1. 准备充足，谨慎行事，审时度势，稳步前进；
2. 人弃我取，薄利多销，锐意经营，出奇制胜；
3. 货真价实，诚待顾客，近悦往来，注意名誉；
4. 小恩小让，不为已甚，遇事忍让，恰到好处；
5. 慎始慎终，知人善用，金银往来，认真行事。

五、十穷十富歌

十穷歌

第一穷：逐渐穷，多因晃荡不经营。

第二穷：容易穷，不惜钱财手头松。

第三穷：邋遢穷，朝朝睡到日头红。

第四穷：懒惰穷，家有田地不务农。

第五穷：攀高穷，结识谊富为友朋。

第六穷：出气穷，好打官司逞英雄。

第七穷：借贷穷，借债纳利装门风。

第八穷：命弄穷，妻孥妾懒子飘蓬。

第九穷：局骗穷，子孙相交不良朋。

第十穷：彻底穷，好赌贪花恋酒精。

十富歌

第一富：勤俭富，不辞辛苦走道路。

第二富：忠厚富，买卖公平多主顾。

第三富：留心富，听的鸡鸣离床铺。

第四富：终究富，手足不停理家务。

第五富：谨慎富，常防火盗管门户。

第六富：守分富，不去为非犯法度。

第七富：同心富，合家大小相帮助。

第八富：帮家富，妻儿贤惠无欺妒。

第九富：后代富，教子训孙立门户。

第十富：为善富，存心积德天佑护。

六、小结

本小节摘录了一些古代的商经商训，这些都是有价值的，不过很多东西要靠个人领悟。现代社会和过去的社会已经完全不一样了，理解和应用古人的经验需要与实际相结合，千万不可生搬硬套。古语云“尽信书不如无书”，深刻理解、融会贯通才行。

下篇　升华

商　道　启　蒙

第七章
儒　商

在中国，儒家思想深入人心，儒家文化备受推崇，精通儒家文化并把儒家思想文化应用到商业经营中的商人被称为儒商。儒商的显著特征是注重个人修养，他们往往有较高的文化素养，看上去温文尔雅，颇有文人风度；重视商业道德，不取不义之财。

第一节　儒商的义利观

从古至今，人们对义利观的论述有很多，义利观既是个人的价值观，也是经济思想。一名商人经常会遇到义和利的取舍问题，个人也是如此。子曰："饭疏食饮水，曲肱而枕之，乐亦在其中矣。不义而富且贵，于我如浮云。"这句话表明，孔子把义看得比富贵更重要，因此儒商的义利观就是重义轻利或者说先义后利。

商业本身是一种服务活动，它的本质是为人提供方便。可以说，商业的产生就是义的表现，或者说商业是符合义的要求的，因此就决定了商业活动不可唯利是图。

一、先义后利的商业案例

光绪三十二年（1906 年），一个名叫詹姆斯·尼尔的苏格兰人来到上海。他在南京路摆设了一个小摊位，自产自销苏格兰风味的蛋糕、面包。连他自己也想不到在不久的将来，这小本生意会发展成为一个大产业，更不会想到还能延续为一家百年老字号。他在南京路设摊位，晚上做，白天卖，租界里的洋人都喜欢吃他制作的味道正宗的蛋糕、面包。一晃几年，詹姆斯在商海里历练成了经验丰富的生意人。他雄心勃勃地先在上海四川北路租房，后又买下了4500平方米的地皮，建厂房、购机器。詹姆斯结合中国传统“先义后利”的儒家思想和自己名字的谐音，为新企业命名为“义利洋行”，厂址就在上海愚园路421号。在那个年代，义利食品就已经接受预订了。清晨7时，义利运输车会准时将客人预订的面包、蛋糕送上门。1915年，义利“星”牌奶油巧克力在巴拿马国际博览会上荣获金奖；1937年，这款巧克力在上海家庭日用工业品展览会上再获金奖，被人称为“金奖巧克力”。

二、先义后利的理论依据

（一）利与义不是对立的

有人说无奸不商、无商不奸，也有人说经商要重义轻利。这些观点都有一定的道理，同时也都有其片面性。他们的共性是都把义和利看成了对立的，认为义利不可兼得，但事实上义和利不是对立的。见利忘义的奸商，他们的生意会越做越小，因为愿意和奸诈的人做生意的毕竟是少数，奸商在不要“义”的同时也失去了长远的利益，所以他们实质上是自私自利的笨商人。重义也并不是轻利，重义看中的是长远的利益。从这个角度看，重义并不是轻利，而是重视长远的利。

无商不奸、无奸不商暗含了商人靠小聪明赚钱的观点，这种观点否定了忠厚老实的人可以做好生意的可能。但从长远来看，忠厚老实的人更适合经商。因为所有人都喜欢和忠厚老实的人打交道，而不愿意和奸诈的人做生意，靠要小聪明和欺骗最多只能取得一时的成功，要想真正地做好生意还是要靠诚信。每个商人都喜欢和好人做生意，久而久之，忠厚老实的商人的合作伙伴会越来越多，生意也会越做越大，当然忠厚老实的人偶尔会吃点亏，但俗话说："吃亏是福。"

无奸不商这个成语很有可能是"无尖不商"的误传，或者是人们对商人的戏言被后人固化为成语流传下来的，时间久了很多人忘记了它的原义。现在大多数人都知道"无奸不商"这个成语，而知道"无尖不商"的人越来越少了。"无奸不商"和"无商不奸"与我国古人崇尚的价值观大相背离，因此，应该是先有"无尖不商"，后有"无奸不商""无商不奸"。旧时买米以升斗作量器，故有"升斗小民"之说。卖家在量米时会用一把红木戒尺削平升斗内隆起的米，以保证分量准确。银货两讫成交之后，商家会另外在米筐里氽点米加在米斗上，已抹平的米表面便会鼓成一撮"尖头"。量好米再加点添头已成习俗，但凡做生意，总给客人一点添头，尽量让利。这是老派生意人的一种做法，这一小撮"添头"很让客人受用，故有"无尖不商"之说。另外，"无尖不商"还体现在布庄扯布上，"足尺放三""加三放尺"。总之，商家尽量让利，以博得回头客，获得客人的赞许和肯定，这些行为和做法都可以叫作"无尖不商"。

（二）拨开浮云看义利

随着社会主义市场经济的高速发展，我们经常会听到有人说"利字摆中间，道义放两旁"，这种价值观表面上是"唯利是图"，但事实上，这种想法和行为最终得不到任何利益。从经商的角度分析，唯利是图往往会因小失大，正所谓"浮利易见，义之大利难见"，所以人们才会有这种想法。持有"利字摆中间，道义放两旁"观点的商人做生意都很难做大，弄不好还可能锒铛入狱。俗话说："人为财死，鸟为食亡。"人对于利益的过度追求或者说眼中只有私利是很危险的。

成功的商人必须有拨云见雾，去浮尘、观真知的本事，必须要看到不义之财背后的“害”和大义之中的“利”。例如，三鹿企业的见利忘义导致了自身的灭亡，而加多宝公司给灾区巨额捐款的义举给它带来的是极高的荣誉和社会的一致好评以及不断提升的品牌价值。

三、义则行不义则止

改革开放至今，市场经济高速发展。近年来人们对金钱的崇拜日益升温，很多商人把“利”字放在了首位。曾经有人提出做企业和经商就是为了赚钱，还有人把企业定义为“依法设立的以营利为目的、从事商品生产经营和服务活动的独立核算的经济组织”。企业赚钱无可厚非，但是完全以盈利为目的就违背了商业活动和企业经营的初衷。人类最早搞生产和经营是为了获得生活所需的物资，是为了生活得更好，而商业活动是为了分享生产带来的丰富物资，是连接生产与消费的纽带。如果一个企业真正把盈利作为唯一目标，那么这个企业不会走太远，也很难做大做强。

那么，如何看待盈利呢？企业如何对待和处理好这个“利”字呢？子曰：“富与贵，是人之所欲也，不以其道得之，不处也；贫与贱，是人之所恶也，不以其道得之，不去也。君子去仁，恶乎成名？君子无终食之间违仁，造次必于是，颠沛必于是。”“富而可求也，虽执鞭之士，吾亦为之。如不可求，从吾所好。”这两句话意思是：人们都渴望富贵，但是不以正当的方法得到它，不会长久；贫贱是人们所厌恶的，但是不用正当的手段摆脱它，并不会真正地摆脱贫贱。君子如果没有仁义，怎么能成就他的君子之名？君子无时无刻都不能违背仁义，即使是在最紧迫的时刻也必须按仁德去做，即使是在流离困顿的时候也必须按仁德去做。如果得到富贵的途径不违背良心，哪怕是做一些别人认为低下的工作，我也照样去做。如果我的良心告诉我不可以那样，那么我会按照我的价值观去做，而不刻意违背良心追求富贵。

这两句话告诉我们，通过正当的手段追求富贵是值得倡导的，而通过不正当的手段追求富贵是不可取的。简单地说，就是符合道义的事情可以做，不符合道义的事情不能做。对于商人而言，符合道义的利益可以尽量去争取，不符合道义的钱财则不能赚取。

四、小结

当今社会，市场经济发展迅速，人们的价值观呈现出多样化趋势，对财富的追求和渴望越来越强烈，很多人把拥有财富作为自己的理想和追求。对金钱的崇拜和无限膨胀的物欲使不少人高喊着“利益摆中央，道义放两旁”去不择手段地赚取钱财。其实，违背道义的人是不可能发大财的，不义之财难以长久，总是赚不义之财，轻则受到社会的谴责，重则受到法律的制裁。

第二节　儒商的使命与责任

有使命感与责任心是儒商的重要特征。真正的儒商“穷则独善”“达则兼济”，有一种强烈的社会责任感和乐善好施的精神，即使在不“穷”不“达”的情况下，也有一种“利他”的精神。

一、穷则独善

（一）不靠投机积累资金

作为商人，独善其身就是不去做违反道义的事情。对于一个合格的儒商而言，就是在创业初期不靠投机取巧完成原始资金的积累，即使在自己实力不强的时候也要坚守道义，在面临困境的时候仍然要坚持不赚取不义之财。据说中国很多企业都有原罪，就是说有不少企业在创业初期为了捞取第一桶金完成资本积累或多或少地做了一些违反道义，甚至违反法律的事情。要想做儒商，就应做一个“根正苗红”的儒商，再苦再难也不取不义之财。古语有云：“无财作力，少有斗智，既饶争时。”这句话的意思就是，没钱的时候我们靠力气去赚钱，稍微有了一些积蓄就用智慧充分利用有限的资金，赚取更多的钱，富有的时候要审时度势抓住发财的时机。也有人把这句话理解为商人创业的三部曲，意思是在你没有任何资产的时候，应该先凭借自己的力气去赚取人生中的第一笔财富；当你小有资产的时候，应该凭借自己的头脑尽快拓宽赚钱的渠道，以增加自己的财富；当你已经很富足的时候，就要善于抓住有利时机，持续增加自己的财富。

（二）修身

儒商本身是具有一定道德修养的文化人，所以要成为儒商，必须多学习、勤修身，特别是要对儒家修身思想多做研究。

《大学》中有这样一段话：“古之欲明明德于天下者，先治其国；欲治其国者，先齐其家；欲齐其家者，先修其身；欲修其身者，先正其心；欲正其心者，先诚其意；欲诚其意者，先致其知，致知在格物。物格而后知至，知至而后意诚，意诚而后心正，心正而后身修，身修而后家齐，家齐而后国治，国治而后天下平。”这段话阐述了一个人如果要想“齐家、治国、平天下”，那么最根本的先决条件就是要“修身”。可见，要想成为一名优秀的儒商，须先修身。

（三）厚积薄发

要想成为一名出色的儒商，应当“博观而约取，厚积而薄发”。商人的博观约取是指阅读大量的商业书籍或者学习别人总结的大量成功经验，并从中获取真知灼见，真正掌握实用的经商之道。厚积指充分地准备；薄发指喷薄而出。商人的厚积薄发是指积累大量的经商经验和资金，等待时机成熟。

二、利他

俗话说："吃亏是福。"在商业活动中，多考虑一下他人的利益，适当地让利于人，对自己的生意也有好处。商业行为中的利他不仅可以赢得好名声，而且会积累大量的长期合作伙伴。试想别人和你合作每次都有利可图，那么他自然会愿意和你合作。假设你生意做得极其精明，谁和你合作都得不到好处，几乎所有的利润都被你独占了，那么久而久之就不会有人愿意和你合作了，如果没人与你合作，即使你再精明也不能把企业做大做强。商业活动自诞生以来，就遵循着互惠互利的原则，原始社会游牧民族以动物皮毛和肉类与农耕民族交换粮食和棉麻，也是本着各取所需、互惠互利的原则进行的。

（一）让利于合作伙伴

商人在进行商业活动时会遇到很多合作机会，有长期的合作也有短期的合作。合作者之间的利益分配问题直接影响着合作的进行，利益分配合理则合作愉快，分配不合理则可能会出现矛盾。因此，有人说商场上没有永远的敌人，也没有永远的朋友，只有永恒的利益，为了利益，仇人可以联手，朋友可以反目。

作为儒商，依据儒家的利他思想自然是要让利于合作伙伴。对于拿别人的东西和给别人的东西来说，轻重要分清楚，给人家的东西要多一点，拿人家的东西要少一点，这就是人情往来的道理。"与宜多，取宜少"适合于处理合作伙伴之间的关系，让利于合作伙伴有利于双方的合作，进而会给双方带来更多好处。有一次，有人问李泽楷，他父亲教了他哪些赚钱的秘诀。李泽楷说关于赚钱的方法他父亲什么也没有教，只教了他为人处世的道理。李嘉诚说，和别人合作，假如自己拿七分合理，八分也可以，那只拿六分就可以了。也就是说，他让别人多赚二分。所以越来越多的人都知道，和李嘉诚合作会赚到便宜，因此更多的人愿意和他合作。试想一下，虽然他只拿六分，但现在多了一百个人同他合作，他能多赚多少钱？假如拿八分的话，一百个人会变成五个人，结果是亏是赚可想而知。

（二）让利于消费者

现代企业总是高呼“顾客是上帝”，把消费者视为自己的“衣食父母”。一心想着把“上帝”和“父母”的钱赚到自己的腰包里，那么消费者凭什么把钱给你？他要获得商品或服务，要的是商品的使用价值和服务的实际价值。消费者希望支付合理的钱购买到自己所需要的商品或服务，他们心中的物有所值指的是付出的代价与换回来的利益大体相当或略有盈余。

商人要学会让利于消费者，不要总想着赚消费者的钱。那么，如何让利于消费者？首先，卖给消费者有价值的商品。如有的人把普通的食品当作保健品卖，还有的人在网上大言不惭地叫嚣“卖产品不如卖概念，卖概念不如卖品牌”。说白了这就是忽悠人，有良知的商人不会去忽悠人，不做“大忽悠”。其次，赚合理的钱，不去牟取暴利，不要把成本 100 元的商品卖几千元，不囤货居奇，不哄抬物价。薄利多销是让利于消费者的一种方式，即少赚点、多卖点。

利不可赚尽，福不可享尽，势不可用尽。做生意也是一样，不要总是想着赚取最大利润，要懂得让利于消费者。企业不应该一味追求利润最大化，而应当追求为顾客提供最好的商品和服务。

（三）让利于员工

马克思说资本家榨取了工人的剩余价值。在很多人眼中，老板都很抠门儿，尤其是在很多职场人眼中，老板就是抠门儿的代名词，因为除了不加工资以外，其他的什么都在加，加班、加点、加任务。很多创业者一直在说等公司发展好了一定提高员工待遇，然而有的公司没等到发展好就扛不住了；有的公司发展不错，不过员工待遇提高的速度和幅度总是跟不上企业的发展速度。

其实，企业的发展离不开员工的辛勤劳动和集体智慧，在这个世界上很多智慧来自普通员工，他们之中蕴藏着无穷的智慧。我一直坚信真正行之有效、可以解决实际问题的方法来自普通员工，因为他们是实际接触生活和工作中的问题的人，只有他们才知道问题的所在，也只有他们真正知道怎么解决问题。那么，怎样激活普通员工的智慧？如何才能让这些智慧充分发挥作用呢？答案就是要让利于普通工作人员。

近几年海底捞的扩张速度很快，起初人们以为海底捞的服务好，说它是靠服务发展起来的。海底捞的老板张勇表示，门店的那些服务创新其实没有一件是他想出来的，都是员工在平时工作中自发提出来的。海底捞内部有一个员工分享的平台，员工每天结束工作之后，回到宿舍，有一件必须做的事情就是写日记，把当天做的一些有价值的事情，包括好的做法在论坛上发表出来。创新有分级标准，各标准对应不同的创新奖金，同时也与晋升挂钩。

那么海底捞的员工为什么那么有创新精神并且愿意把创新思路告诉公司呢？因为，海底捞有科学的激励机制，如“利润共享”等，使员工自愿去创新、去分享。这个激励机制其实就是公司拿出一部分利润给员工。张勇非常明确地说，他就是要拿出一部分利润，分给两拨人，一拨人是顾客，另一拨人就是他的员工。所以人们才能看到，在海底捞有那么多的“便宜”可以占，海底捞的员工住着那么漂亮的宿舍，享受着那么好的、其他企业所没有的待遇。

（四）利他是商业活动的基础

古代儒商讲求“自利利人、自达达人”的商业原则，这对社会的发展起着重要的促进作用。不过现在有人提出经济学的普世价值在于：经济是以人为主体的趋利行为，经济学自然是以人为目的和对象的科学。而经济学对人的研究，归根结底是对人本性的研究，发现人的本质特征，这具有根本性的意义和价值。人的经济本性，即本质属性，就是人乃自私或利己的经济动物，也就是亚当·斯密笔下的“经济人”。这是人在经济层面基本的规定性。凡是具有理性的人，皆利己之人，概莫能外。人的利己属性，不仅是客观存在的事实，也是基本的权利，意味着每一个人通过自身的努力，实现自身的利益，是神圣且不可被剥夺的权利。否认人的利己性，或剥夺人们努力获得的利益，就是对人经济权利的侵犯。

其实，这些观点都在掩盖一个基本的事实——没有利他性，交易将无法达成。我们买衣服是为了保暖、美观，我们购买食品是为了温饱、美味……如果你的产品或服务对别人一点益处也没有，那么谁会买你的账？比如市面上有很多保健品卖得很火爆，但顾客吃了以后什么效果也没有，时间久了没人再相信这些保健品在广告里的宣传了，渐渐地就不会有人再买了，这就是很多保健品都是“短命鬼”的原因，不以利他性为基础的产品和服务不会被人们认可。

如果以利己行为为基础，那么商家就可以为了追求更高的利益，诱骗消费者购买价格远远高于成本和实际价值的产品。事实上，以普世价值为载体的商业模式，也正在毒害着中国。地沟油、毒胶囊、毒奶粉等肆虐市场，危害着人们的生活健康，同时，追逐高额利润而进行的资金炒作也催生了大量的经济泡沫。我们看到从兰花的炒作到普洱茶的炒作，再到房地产的泡沫，无不渗透着资本的血腥。普世价值的宣传者认为可以通过加强立法和执法来打击不法商业行为，其实这是没有从源头上认识到问题，才造成了执法成本居高不下。“人为财死，鸟为食亡。”有十倍的利益，有人就敢于违法；有百倍的利益，有人就会冒死去干。

从商业角度来说，你要想为自己赚到钱，就先要做对他人有利的事情，也就是前面曾提到的商道第一法门——打开方便之门（为他人提供方便）和商道不二法门——为众生服务（为他人服务）。所以说，利他者只有通过利他行为产生的社会利益，回归到维护自身利益的循环之中，才能冲破现实社会的牢笼，使利他者保存有生力量，更好地为社会创造福祉。如果不能把善作为交易的原则，如果不能把利他性作为追逐私利的基础，人类就可能陷入巨大的灾难之中。

三、达则兼济（经世济民）

受“达则兼济天下”思想的影响，儒商有着承担社会责任的情怀。治国平天下是很多中国人的理想，最令人感动的是周恩来的“为中华之崛起而读书”。中国的老百姓也经常说“国家兴旺，匹夫有责”。儒商有超功利的最终目标，有对社会的崇高责任感，有救世济民的远大抱负和忧患意识，追求“达则兼济天下”。古有陶朱公、子贡、白圭等一代儒商，后有徽商、晋商、淮商、闽商、郴商等儒商商帮，现今也涌现出“利己利人，达己达人”的荣氏家族、邵逸夫、霍英东等具有新时期儒商精神的当代儒商。

俗话说：“宰相肚里能撑船，将军额头能跑马。”一个人的胸怀有多大，他的事业就有多大的发展空间。伟人之所以成为伟人是因为他们心胸广阔；心胸狭小的人只想着自己的那一点事情，这样是很难大有作为的。商人也是一样，不敢承担社会责任的商人很难把自己的生意做大。

在历史的长河中，有很多商人肩负民族大义，勇于承担社会责任，为国为民出钱出力。春秋时期，郑国商人弦高假托君命，以十二头牛犒师。秦兵遂以为郑国已有戒备，只好放弃袭郑的计划，绕道灭滑而还。

"弦高犒师"成为中国商人爱国的典范。卜式为汉武帝时大牧主和大商人。他靠勤奋和精明，通过养羊卖羊发财致富，积累了巨额财富。当时正值西汉王朝连续派兵反击匈奴侵扰，战争开支庞大，国家财政困难。卜式主动上书朝廷，"愿输家财半助边"，其舍财为国的义举得到了汉武帝的嘉奖，享誉一时。鸦片战争以后，帝国主义的入侵和统治阶级的腐败衰弱，使得中国面临亡国灭种之危机。一批儒商高举"实业救国"的旗帜，投入到工商业中，力求通过发展经济来拯救民族的危亡。张謇就是这方面的杰出代表，他于1894年在京城会试时考中状元。按常理他本可以在仕途大显身手，平步青云，但他却不顾世俗的横议、友人的劝阻，毅然离开官场而选择"实业救国"之路。中华人民共和国成立前卢作孚创办民生实业公司，倡导"服务社会，便利人群，开发产业，富强国家"的民生精神，毛泽东曾誉其为当时中国实业界的"四个不能忘记的人物"。近代华侨领袖陈嘉庚一生都强调"振兴工商的主要目的在报国"，他提出"商人以国货救国"，强调企业以振兴中国经济为己任。他这一生不仅以振兴工商、实业报国为己任，而且倾其全力支持了从孙中山的民主革命到抗日民族解放战争，为此付出了巨大的努力。特别是在外国商品冲击、排挤国货，对民族经济造成威胁的时候，儒商更是弘扬爱国主义精神，提倡买国货。例如，现代著名的天津民族商业资本家宋则久，从五四运动时期到抗日战争以后，一直提倡买国货，他说："救国不在空喊高调，应脚踏实地去做！"中国烟草界泰斗简照南先生在与英美烟草公司的竞争中，打出"中国人请吸中国烟"的口号，并在烟盒上印有"振兴国货"的字样，他在南洋（今东南亚）生产的双喜、飞马、飞艇等牌号的中国烟大受消费者的欢迎。爱国儒商曾宪梓曾经说过："祖国有恩于我，我必须终生回报祖国。只要金利来不破产，曾宪梓不死，我对祖国的回报就不会停止。"1982年，他本拟订了到美国投资的计划，但当时中国宣布将于1997年恢复对香港行使主权，一些不明真相或心怀疑虑的华人立即把在香港的资金抽往海外，使香港经济在一段时间内出现混乱。在这关键时刻，他毅然放弃去美国办厂的打算，而把资金转回故乡合资办厂，表明了他同祖国共同发展的坚定信念。

四、小结

责任感和使命感是前进的动力，一个人有责任感、有使命感，生活才会有目标；企业也是一样，有责任感和使命感的企业才会越走越远。责任越大，使命感越强，发展空间才越大。一名商人应当志存高远，敢于承担国家和民族赋予自己的责任。

第三节 儒商的价值观

儒商除了具有前文提到的承担社会责任、兼济天下、经世济民的商业理想之外，还有创家立业和治生裕后的价值取向。经世济民的理想只有一些出类拔萃的、具有一定实力的商人才有能力去实现，而更多商人的理想还是围绕自己的家庭或家族。治生裕后、创家立业、经世济民是儒商的商业价值观的三个层次，这三个层次既相互区别，又相互联系、逐步递进。一般来说，只有在实现了低层次的价值目标后，才可能去追求更高层次的价值目标。这三个层次的价值目标可以是同一儒商在不同发展阶段或不同方面的追求，也可以是不同层次儒商的不同价值追求。应该说，前两个层次的价值目标是儒商中最普遍、最一般的追求，而“经世济民”的商业理想则只有那些高层次的儒商才有可能实现。

一、创家立业

受儒家文化的影响，通过自己的商业活动来创家立业，以自己的财富和成就来光宗耀祖、显耀门庭成为中国多数商人最基本的价值追求。

明代学者韩邦奇在《大明席君墓志铭》中讲述了明末山西著名商人席铭的抱负。席铭幼时用心读书，想走科举道路，但未获成功。席铭素有大志，总想有所作为，因此选择经商作为创家立业的途径，他说：“丈夫不能立功名于世，抑岂为汗粒之隅，不能树基业于家哉?”意思是不能走仕途之路来建立功名，也不愿躬耕一隅，而是要通过经商来创家立业。席铭的话道出了当时许多儒商的心声，当时和后来走席铭这条路的儒士大有人在。如清初著名商人李大祈，他的祖父是富商，他自幼读书，其父想让他走科举道路。他父亲去世以后，家庭出现困难，他担心祖上创立的家业坏在他手里，于是决意弃儒经商，愤然说：“丈夫志四方，何者非吾所当为?”既不能拾朱紫以显父母，创家立业也足以垂裕后昆。后来他经商成功，创家业百倍于前辈，成为一方巨富。

这种创家立业、光宗耀祖的观念是中国传统商人非常普遍的价值追求，即使在现代社会中也影响很大。英国学者 S. B. Redding 在《海外华人企业家的管理思想——文化背景与风格》一书中指出，中国人相信某种家庭的永恒性，重视姓氏的永恒，所以，只要有一个自己的企业，便会像一个王朝似的一代一代传下去。他曾经对 72 位著名华人商业家进行征询，其中大部分都把自己办企业与“弘扬家声，荣宗耀祖”联系起来。他得出结论，对许多华人企业家来说，和家姓有关的“面子”或声誉是促使他们前进的一个很强大的“发动机”。确实，创家立业、光宗耀祖是中国人的一种牢固的传统观念，自然也是儒商商业活动的一个根本价值取向和精神动力。许多儒商正是在这种价值观念的支配下走向经商之路的。

儒商创家立业的价值追求，是由家在中国传统文化和社会生活中的特殊价值所决定的。我们知道，儒家文化特别强调家的意义，认为家是整个社会的基础。中国传统社会是以家国一体的模式构造起来的，国是扩大的家，家是缩小的国。在儒家看来，家是国的一个基础，社会政治和礼仪制度都是从家发端和发展起来的。仁之本是孝悌，礼之先是“亲亲”，忠臣必出于孝子，先修身齐家，然后才能治国平天下。因此，从一定意义上说，创家立业，其意义不仅在家，同时也是走向治国平天下的一个阶梯，甚至也成为国为天下的一个重要内容。因此，创家立业也就获得了一种超越性的意义。更为重要的是，在中国传统文化的氛围中，家对于每一个中国人来说都具有特殊的意义。它既是个人生命的存在之所，又是价值实现之地，也是生命永恒的依归，是中国人安身立命之所。在中国的传统文化中，个人与家是不可分割地联系在一起的，甚至是处于同一之中的，个人没有独立存在的价值和意义，他的家庭就是他，他就是他的家庭。个人的成就和作为只有泽及家庭、家族时，才是有意义、有价值的。

正因为家在中国传统文化中具有特别重要的意义和神圣的地位，因而，儒商把“创家立业”作为基本，作为神圣的价值目标。它不仅是一种现实的功利追求，也具有重大的精神价值，它是儒商奋发图强的动力，激发出儒商发财致富的巨大热情和创造精神，支撑着儒商克服各种艰难险阻去顽强奋斗，鼓舞着儒商永不停歇地去追求更大的商业价值。

相对于经世济民的商业理想而言，创家立业的追求更具有现实性和普遍性。经世济民是一种理想，也是一般商人难以企及的，而创家立业则是实实在在的现实目标，每一个商人都可能达到。因此，可以说创家立业是儒商最普遍的价值取向，是推动儒商去经商最基本的动力。

二、治生裕后

衣食住行，是人类生存的基本需求，也是人类一切活动首先要解决的问题。解决这些问题，中国古代称为“治生”。“治生”，既是解决生活的基本问题及方式，也是儒商经商活动最基本的出发点。中国称经商为“做生意”，生意生意，谋生之意也，它生动地表明了中国传统商人经商的目的。

明清时期是儒商发展的鼎盛时期，一大批儒生加入了商人的行列。其中，有相当一部分是为生活所迫而选择经商之路的。如清初浙江大商人沈方宪，出身书香之家，早年立志功名，父亲去世以后家道中落，全家生活陷入困境，迫于生计，不得不“弃儒从商”。我们前面提到过的李大祈也是如此，甚至清初大学问家唐甄也为生计所迫曾“下海”做生意。

生活问题是人生必须解决的首要问题。当时的一些儒士，家产本来就不丰厚，而经年读书不事生产，加上其他一些原因，家庭必然出现困难。而仕途遥远，功名可望难及，自己及一家老小的生计则是最需要解决的问题，因此，不少儒士不得不弃儒从商，以求解决衣食之虞，“治生”也就成了儒商的一个基本价值目标。清初学者沈垚在《费席山先生七十双寿序》中谈到儒士为“治生”而经商的原因时指出：“士大夫始必兼农桑之业，方得赡家，一切与古异矣。仕者既与小民争利，未仕者又必先有农桑之业方得给朝夕，以专事进取。于是货殖之事益急，商贾之势益重。”明清儒商以“治生为急务”，当然还有更进一步的原因。一是通过“治生”，获得一定的生活资料，为进一步取仕创造条件，特别是为下一代走科举道路创造条件。当时的情况是“非父兄先营事业于前，子弟即无由读书以致身通显”，以致“商之子方能为士”“天下之士多出于商”。二是通过“治生”获得经济上的保障，为人格独立创造条件。如唐甄就是为了不去乞求别人或获取不义之财，保全自己的人格而去经商的。

总之，明清儒商为“治生”而经商，其直接的意义是解决家庭的生计问题，其间接的意义则是为人格的独立创造条件。明清儒商以“治生”为目的的商业价值取向事实上也为其他时期儒商所共有，只不过程度或表达方式不同罢了。现代社会也是一样，有很多人本来是不想做生意的，因为找不到合适的工作才去做生意，包括大学生创业，有相当一部分学生是由于大学毕业后找不到合适的工作，但又要生活，只好先做一下小生意维持生计。用现代话说，就是创业解决了一部分人的就业问题。创业不但可以解决自身的生活问题，也可以为社会提供一些就业机会，因此国家大力提倡大众创业。

与“治生”相联系的儒商的另一个价值目标是“裕后”，或叫“垂裕后昆”，意思是为后代创造好的生活条件，或者说是造福子孙后代。明代著名徽商汪弘说：“生不能扬名显亲，亦当丰财裕后。”这句话表达了不少儒商的共同心声。如前所述，中国人重视家庭，特别是自己的后代，因为后代是自己生命的延续、家庭的希望。因此，人们总是想方设法、不辞劳苦，甚至牺牲自己的一切去为后代创造好的条件。儒商同样受中国这一传统观念的影响，他们经商谋利，积聚财富，不只是为了自己这一代的生活，更希望能留下一份财富，创立一个基业，以泽及子孙，造福后代。

“治生”与“裕后”，基本上是一种功利追求，“治生”是现实的，“裕后”则面向未来。生活的功利需求是人最基本、恒常的行为目的，正如恩格斯所说，人必须先有吃、穿、用，然后才能从事其他社会活动。因此，“治生裕后”是促进儒商经营活动的一种重要驱动力。但功利目的毕竟有局限性，真正的商业只有在基于功利又超越直接功利追求时，才可能获得巨大的动力之源，并取得辉煌成就。

三、小结

儒家思想在我国根深蒂固，因此，商人都或多或少地受到儒家思想的影响。中国人“家”的概念深入骨髓，光宗耀祖、传宗接代的思想深入人心。因此，中国人很多事情是围绕着家庭开展的，每个人都非常重视家庭的兴衰，对家庭的责任感支撑着一代又一代的中国人砥砺前行。

第八章
哲　商

哲商是指具有哲学思维能力，研究商业运行规律，以哲学思想为指导，依据事物内在运行规律经商的商人。思想家、哲学家不一定是成功的商人，但是成功的商人一定要具有思想家、哲学家的洞察力与思维能力。上一章讲到的儒商是以儒家思想为指导进行商业活动的商人，从某种意义上说儒商也是哲商。儒商主要是奉行儒学，注重个人文化修养；而哲商不仅研究儒学，也研究其他哲学，如《易经》《道德经》和西方哲学。除了儒商还有道商，道商是指具有哲学思维能力，研究商业运行规律，以道家思想与理论为指导，依据自然规律经商的商人。道商更注重道家思想与理论，侧重于研究事物运行规律，尊重自然，按照自然规律进行商业活动，也就是道家说的“人法地，地法天，天法道，道法自然”。道商和儒商一样，也是哲商。从哲学的视角分析，道商涵盖面最广，广义的道商是指研究经商之道，以道经商的商人。几乎所有的商人都有自己的经商之道，有经商之道的商人都可以视为道商。

儒商、哲商和道商三者之间的关系：儒商和道商都是哲商，道商是高层次的哲商。

哲学与道的关系：哲学是有严密逻辑系统的宇宙观，它研究宇宙的性质，宇宙内万事万物演化的总规律，人在宇宙中的位置等；道是宇宙万物的原理和规律，哲学就是研究道。

第一节 以道经商

俗话说："猫有猫道，鼠有鼠道。"经商自然有经商之道。商道讲的就是经商之道，哲商的以道经商是指按照天道、地道、人道等自然法则经商。

一、天道

天道也可以通俗地理解为天理、天意、天良等，其实质是自然规律。经商当然要了解自然规律，只有深入了解自然规律，生意才会做得顺风顺水。

（一）损有余补不足

《老子》第七十七章："天之道，其犹张弓与欤？高者抑之，下者举之；有余者损之，不足者补之。天之道，损有余而补不足。人之道则不然，损不足以奉有余。孰能有余以奉天下？唯有道者。"认为"天道"的特点在于损有余而补不足，而"人道"则反之。

人道"损不足以奉有余"，这种现象古来有之，现今更明显，突出的表现就是富人赚钱较容易，而越穷的人赚钱越费劲；占有资源少的人赚钱不容易，占有资源多的人赚钱更容易一些。现实生活中人们总是喜欢锦上添花，却不愿意雪中送炭，也经常会听到"扶强不扶弱"的说法，所以就出现了强者恒强、弱者恒弱的现象。有钱有势的人什么也不缺，而给其送礼的人却络绎不绝；穷人缺衣少食，却没人给他们送礼。所以，人道"损不足以奉有余"是一个事实。明代沈一贯的《老子通》在批判社会生活中存在的不平等现象时利用了这一命题，指出："人之道则不然。裒聚穷贱之财，以媚尊贵者之心；下则棰楚流血，取之尽锱铢；上则多藏而不尽用，或用之如泥沙。损不足以奉有余，与天道异矣。”

清代的易佩绅认为天道为“均”，“道在天下均而已，均而后适于用。此有余则彼不足，此不足而彼有余，皆不可用矣。抑其高者，损有余也；举其下者，补不足也。天之道如是，故其用不穷也”。至于天道到底是不是损有余补不足，老天是怎样损有余补不足的，我们不得而知，我个人认为损有余补不足可能是千百年来穷苦大众的美好愿望和深切渴求。从古至今，不少农民起义都是打着均贫富和替天行道的旗号。历史上有很多山大王也说劫富济贫、替天行道，并且确实一些盗贼做到了这一点，古代称这些人为“侠盗”。

既然损有余补不足是很多人的愿望，那么用现代话说就是有需求。因此，经商也要以有余补不足才可以，得道高商[①]应该好好地利用以有余补不足这个天道经商。以有余补不足本身也是一种商业规律，商业活动的初衷就是拿自己多余的东西换取自己缺少的东西。把物产丰富地区的商品运到物资缺乏的地区销售，把丰收季节的农产品储藏起来等到无产出的季节销售，等等，这些都可以视为以有余补不足。

目前，损有余补不足的商业模式也不少，比如有些企业在销售中宣传每卖出去一件产品就捐给贫困地区一定金额等。

如果商人知道了天道“损有余补不足”的道理，那么就要多做一些雪中送炭的事情，而不去做落井下石的事情。

胡雪岩的一生极富传奇色彩，从一无所有的乡下放牛娃到富可敌国的晚清首富，他之所以能白手起家，就在于他的为人与远见。胡雪岩深知比起锦上添花，雪中送炭有更大的作用。

有这样一个小故事：某个初春的上午，胡雪岩正在客厅里和几个分号的大掌柜商谈投资之事。忽然有一家仆禀告说：“老爷，有一商人急事求见！”胡雪岩停下会议，立马接见了这位商人，只见前来拜见的商人满脸

---

① 懂得大道的高明商人，简称得道高商。

焦急之色，原来他在最近的一次生意中栽了跟头，急需一大笔资金来周转，为了救急，他愿意拿出自己全部的产业，以非常低的价格转让给胡雪岩。胡雪岩不敢怠慢，让商人第二天来，自己连忙吩咐手下去打听是不是真有其事。手下很快就赶回来，证实商人所言非虚。胡雪岩听后，二话不说，让各分号钱庄一起筹备银子。第二天，胡雪岩果然将商人请来，不仅答应了他的请求，还按市场价来购买对方的产业，这个数字高于对方转让的价格。那个商人惊愕不已，便问胡雪岩道："为什么连到手的便宜都不占，却非要按市价收购我的房产和店铺?"胡雪岩拍着对方的肩膀说："放心，非我不占便宜，只是商人相帮，待你挺过这一关，大可随时来赎回这些房产，只需要在原价上再多付一些微薄的利息就可以。"胡雪岩的举动使得商人整个家族免于破产，让商人感激不已。签完协议之后，他对着胡雪岩再三跪拜，并深深作揖，含泪离开了胡家。只一年时间，曾受胡雪岩鼎力帮助的陌生商人赎回了自己的财产。不仅如此，他们成了彼此忠实的合作伙伴。

可见，对比锦上添花，世间最美妙的恩情莫过于雪中送炭。这也就不难理解为何官绅百姓都对胡雪岩敬佩不已了。同时胡雪岩的生意也好得出奇，无论经营哪个行业，总有人帮忙。能拥有如此的人品与格局，当然名利双收。

（二）天道酬勤

无论是做大生意还是小买卖都离不开一个"勤"字，有些小买卖要起早贪黑，比如卖早点的天不亮就起来做早点，因为要赶在顾客吃早点前做好，而卖夜宵的半夜三更也不得休息。一些大公司的老板也经常熬夜工作，或因应酬谈生意而经常忙得不能在家陪家人吃饭。

（三）物无贵贱

从道的角度看物无贵贱之分，最贵的东西不一定是最有用的，最有用的东西反而是免费的。比如，我们呼吸的空气、享受的阳光，这些是免费的，也是不可或缺的。

物体本身没有贵贱之分，一块普通的石头和一块美玉本质上其实没有区别，那么在现实生活中物质为什么有了贵贱之分呢？是因为人赋予了这些东西价值，物体的贵贱是人类内心感觉的外显。通常来说，稀缺、需要和喜爱的东西就贵重；取之不尽、不需要和不喜爱的东西就一文不值，比如同样一瓶好酒，爱喝酒的人认为它很贵重，而对于滴酒不沾、喝一点酒就想吐的人来说，那瓶酒就是一文不值。

一根稻草，扔在街上，就是垃圾，与白菜捆在一起，它就能卖出白菜价；如果与大闸蟹绑在一起，它就能卖出大闸蟹的价格。

物体本身既然没有贵贱之分，那么就意味着眼下再贵重的东西都有可能变得一文不值，再便宜的东西也有可能会价值连城。所以要在合适的时间、合适的地点把适合的东西卖给合适的人，这是商业活动所要达到的目标。所以商人应努力做到不卖最贵的，也不卖最贱的，只卖最合适的商品。

（四）以道御术

“以道御术”，意为“以道义来承载智术”。道是境界、修养，术是智力、技巧，悟道比炼智更高一筹。“道”是天道，“法”是人定的，通常法是依据天道制定，就是告诉我们该怎么跟着“天道”去做。“法”也有善恶之分，顺应天道的“法”就是善法，违背天道的“法”就是恶法。“术”是指技术层面上的操作方法。“器”是指有形的物质或工具。有句话叫“工欲善其事，必先利其器”，说的就是这个意思。“道”“法”“术”“器”四者关系：做事做人要以“道”为根本，遵守“法”，利用好规律，通过使用最好的工具（器），采用最好的技术，来达到目的。

以道来承载智术，开展商业经营活动，应从唯物史观和科学辩证法出发。"道"作为一种规律、一种客观存在，"术"作为一种方法论，能够发挥人的主观能动性，二者是相辅相成的，规律和方法论是相互作用的。在认识和发现规律的过程中，要用到正确的方法论，使用科学的"术"，才能把握正确的"道"；在实践过程中，要遵循和尊重客观规律，用规律来指导方式方法，用"道"来指导"术"，即用"术"识"道"，以"道"御"术"。

几乎所有的智术都源于道，也可以说聪明才智的基础是知识和道理。据传，韩信小时候就很聪明，有一天，韩信看到同村小孩子手上有几个大核桃，想要吃。于是韩信就骗小伙伴说："咱们拿核桃在石磨上滚是很好玩的。"那小孩子不知道是计，就跟他玩了。结果，核桃全都滚到了磨眼儿里，怎么掏都掏不出来，小孩子只好哭着回家了。韩信却悄悄地回家拿瓢凉水，往磨眼儿里灌水，核桃就自动浮了上来，韩信就吃到核桃了。韩信之所以有水漂核桃的计策，是因为他懂得核桃遇水会漂起来。不过传说韩信因为水漂核桃而折了八年阳寿，因此做人不能违背道义，不能取不义之财，不应不择手段去发财和牟取不当利益。

我们研究商道其实就是为了"以道御术"，通过学习商业运营的规律和道理来指导自己的经营活动。

（五）利而不害

"天之道，利而不害；圣人之道，为而不争。""仁中取利真君子，义内求财大丈夫。"很多人把商场比作战场，尤其是竞争对手之间的市场争夺可以说是非常激烈。企业之间的竞争在所难免，但是，要记住利而不害和仁中取利，千万不要不择手段地竞争。现在大家都在追求双赢，要想双赢首先要做到利而不害，企业自己可以去追求利润，但是不要为了自己的利润损害他人的利益。

二、地道

地道，指地上万物运行的一般规律。商业活动的主要功能之一就是改变商品的时间和地点分布，例如秋收冬藏和南果北运等。

商业地理学是人文地理学中发展最早的分支之一，从学科发展过程来说，也是经济地理学的前身。它主要研究商业活动的地理分布，商业活动与自然、经济、社会文化环境的关系，商业活动的空间组织或地域结构规律等。

商业地理学的形成和发展与古代商业经济的出现和发展有直接关系。自从人类社会出现了商品交换，就有了关于商业地理的零星记载。如战国时期的《尚书·禹贡》已对主要商品的产销区域和运输路线作了记载；西汉司马迁的《史记·货殖列传》和东汉班固的《汉书·食货志》，对人口、经济、物产、交通、商业和城市的分布和地区差异，已有翔实的记述和精当的评论。

明中后期介绍商路、商业信息的书籍大量出现，徽商黄汴的《天下水陆路程》记载了明代二京十三布政司水陆路程和各地道路的起讫分合与水陆驿站名称，以及全国 143 条水陆交通路线的里程。

虽然说现在有了导航地图，但是要想成为成功的商人，还是有必要了解一些商业地理知识的。

三、人道

人道，指做人的道理，以及尊重人类权利、爱护人的生命、关心人性的道德理念。人们经常说商道即人道，就是说做人能做得出色，经商也会做得不错。

人道的重点是一个“爱”字。有一首歌唱得不错：“只要人人都献出一点爱，世界将变成美好的人间。”做生意也可以做到兼相爱、交相利，兼相爱、交相利是墨家思想，意思是：爱是相互的，利也是相互的。墨子讲究“兼爱”“非攻”。其实墨子的“兼爱”是“兼相爱，交相利”的合论。梁启超指出：“兼相爱是理论，交相利是实行这理论的方法。”兼相爱近乎托尔斯泰的利他主义，交相利则近乎科尔普特金的互助主义。阿里巴巴集团海外上市之后，马云在《对话》节目中说过这样一段话：“以前感觉进军海外市场很难，调整了思维后就不难了，以前总是说征服国际市场，现在我们是要服务国际市场，所以就容易进入国际市场，也容易被国外接受。”阿里巴巴是为商家和消费者服务的，在服务别人的同时自己也受益颇多，这就是“交相利”的体现。

商业活动必须是互利的，不然无法持续经营。卖家赚取合理的利润，买家获得需要的产品或服务，双方各得其所，这便是“交相利”。“兼相爱”是说企业与企业之间、企业与消费者之间要“相亲相爱”。

四、小结

天地万物都有其运行的规律，自然规律不能违背，人与人交往的规律也不能违背。经商也有经商的规律，经商的规律是在自然规律和人际交往规律下演变出来的。商人只有认真研究规律并遵循规律，踏踏实实地做生意，才有可能成功。

第二节 驭名利

世间大多数人都是名利的奴隶，人们的很多行为是受名利驱使的，追求名利是常人，淡泊名利是高人，看破名利为圣贤。名和利可以让一个人成功，也可以毁掉一个人，因此，不被名利控制，并且合理驾驭名利是经商所追求的境界。对于一个商人，如果能够达到驾驭名利的境界，就几乎可以无往不利了。

一、君子役物

《荀子·修身》中提到："君子役物，小人役于物。"所谓"君子"是以自己为主体，超凌万物，役使万物的人。而小人却恰恰相反，他受制于外物，羁绊于俗世。这句话乃荀子引释古语而来，至今流传极广。从这句话来看，在那个时代只有小人才被物质财富役使，君子可以役使物质财富。而当今社会，大部分人都在被名利奴役，或者说很多人都被物欲控制着，难免受到外物的干扰。如果这样理解古人的标准，我们大家就都成小人了，所以，我个人理解这句话里的小人指的是小人物。小人是和大人相对的，有很多人在地位高的人面前自称小人，可见古时的小人在大多数情况下不是指人格卑下的人。所以我认为古人真正的意思是"品德高尚的人可以役使万物，而小人物则被外物所困扰和役使"。

俗话说："无欲则刚。"清代文学家纪晓岚的老师陈伯崖还写了这样一副对联："事能知足心常泰，人到无求品自高。"

在役物还是役于物的问题上，商人是一个矛盾体。商人每天在买卖各类商品，利用物品赚钱可以看作是在役使物，可商人又在为了赚取更多的钱财而不停息地劳碌着，这又是被物役使着，是役于物。如果一个商人能够把买卖看作是役使万物为众生服务，而不是为自己赚取更多的钱，占有更多的物质财富，那么这个商人就达到了心中无商、无商而商的境界。达到这种境界的商人可以不被名利奴役，真正地驾驭名利。

二、名利是把双刃剑

名利是每个人都想要的，同时它是一把双刃剑，名利可以给你带来更多的物质和精神上的满足，也可以让你身败名裂，甚至一命呜呼。就像俗语说的那样，"人为财死，鸟为食亡"，当今社会确实有很多人为了名和利最终走上了歧途。

商人更是如此，不少商人为了赚钱不择手段，最后锒铛入狱。自1999年“胡润百富榜”诞生以来，许多上榜的富豪如“肥猪”一样频频被“宰杀”，胡润榜在坊间被戏称为“杀猪榜”。为什么富人榜成了“杀猪榜”呢？很显然，很多富人存在经济问题，这些人经商时使用了国家法律不允许的方法赚钱。民间有句俗语，“人怕出名，猪怕壮”，这些上了榜的富豪刚好是出了名的“肥猪”，自然会招来灾祸。

三、修养心性

修养指培养高尚的品质和学习正确的为人处世的态度。道家和佛教都主张修身养性，修养心性、提高自身境界是摆脱物欲的重要方法，只有思想达到一定的高度，才可以进入“君子役物”的境界。做到无欲无求对于商人来说确实是一件比较困难的事情，不过有一个较为容易的路径可以提升境界，那就是实现财富自由。当一个人所拥有的财富超出自身所需的范围之后，他自然会感觉到追求更多的财富似乎没有用，进而想到为社会做贡献。事实上除个别人之外，多数人的思想境界是随着财富的增加而不断提升的。比如比尔·盖茨和马云，他们已经拥有了足够多的财富，对于金钱的使用几乎到了随心所欲的地步，这个时候他们已经完全看淡财富了。他们拥有了大量财富，自然不会再为物质问题发愁，也就摆脱了物欲的控制。当人们拥有大量财富，实现了财富自由，并且也有了很大的名气之后，其思想境界也会得到极大的提升，他们会拿出大量财富做公益事业和慈善事业，而且也会去想如何多为社会做贡献，从而最大限度地实现自己的人生价值。

一个人要想真正淡泊名利，还是要靠不断地提高个人的思想境界，不断地修养自己的心性。

四、商人如何驾驭名利

“长袖善舞，多钱善贾。”商人整天和钱财打交道，他们善于经营赚钱的同时也会用钱，虽然多数人没能达到驾驭名利的境界，但是很多商人可以利用名利为自己的商业活动提供方便。运用给予别人名利的方式来达到自己想要的结果，例如前文提到的利益均衡理论，商人要想办法让多方受益，把一部分利益让给别人，使人们支持他的商业活动。除此之外，还可以通过多做慈善、多做公益事业提高自己的知名度来助力商业活动。

商人在驾驭名利的同时要时刻记住适可而止、万事有度，不要以为钱是万能的，更不要认为钱能解决一切问题。我们还没达到摆脱名利和看破名利的境界，就不可能完全驾驭名利，作为一名商人能够淡泊名利已经很了不起了。

五、小结

名和利实际上是套在人身上的两个枷锁，人这一生都很难摆脱掉它们。很多人把名和利看得比生命还重要，这其中有贩夫走卒，也不乏仁人志士。作为商人当然非常看重利，但最终还是更想名利双收。对名和利的追求是人性的一大弱点，人们很早就认识到了这一点，并在生活和工作中针对这一弱点采取了一些措施，最常见的做法就是为鼓励工作而设立的奖励机制，工作做得好提供物质奖励，同时还给予各种荣誉。人们一直在利用和享受名利，但还没能真正地驾驭名和利。

名满足了人们渴望被他人认可的心理，利满足了人的占有欲，只要有渴求和欲望就摆脱不了名利的诱惑；只要摆脱不了名利就很难驾驭名利，真的做到无欲无求才有可能驾驭它们。然而，真正到了无欲无求的境界，还有必要去驾驭名利吗？既然无欲无求，还驾驭名利做什么？

对于名利，该追求时就去追求，该放手时就放手，拿得起就要放得下，关键要掌握好分寸。驾驭名利也是一样，能驾驭时就驾驭，驾驭不了就放弃。

第三节　散财

唐代文学家张说在他的《钱本草》中说，钱财要能聚能散才行，“如积而不散，则有水火盗贼之灾生；如散而不积，则有饥寒困厄之患至。一积一散谓之道”。做生意本身是在聚财，那么好不容易赚到的钱为什么要散掉呢？

一、财富回归理论

财富是社会的，不是哪个人或哪个组织的，所有的财富最终都要回归社会。钱财是身外之物，生不带来死不带去。历朝历代的王侯将相、达官贵人、巨商富户有很多人都极度贪婪，死了还要把财宝带进坟墓，结果呢？被后人挖坟掘墓盗走了随葬品，死后都不得安宁，最后落个抛尸荒野的下场。

一个人不论有多少钱，每天的消费是有限的，而且消费的过程就是把财富还给社会的过程。比如，中午吃了一份快餐，付给快餐店 15 元，这 15 元算是还给社会了，过一段时间之后，吃进肚子里的那份快餐变成排泄物排放到厕所，顺着下水道回归大自然了。为什么人们常说“视金钱如粪土”呢？就是这个原因，金钱真的是粪土。

有这样一个小故事在民间广为流传：在中华人民共和国成立以前，有一个乐善好施的大地主，凡是路过他家门口的乞讨者都可以饱餐一顿，他的管家对乞讨者说：“随便吃，能吃多少吃多少，反正最后还是要拉到我们老爷家的土地里做肥料。”方圆百里的田地都是这个大地主家的，乞讨者吃完饭，几天之内都走不出这个范围，最后大便还是要排到这个地主家的地里变成了农家肥（以前厕所没那么多，可能乞讨者都是到荒地里方便）。这个大地主不简单，难怪有那么多田地，他居然懂得财富回归社会的原理。让乞讨者随便吃，吃完了就有了肥料，有了肥料庄稼就会茁壮成长，产出更多的粮食，有了粮食就可以让乞讨者随便吃，如此便构成了良性循环。

财富确实是依托社会的，假设你有一大笔钱，如果你不花钱，堆在家里就是一堆纸，放在银行是一串数字；如果你花了，那么就是还给社会了，比如买了一套豪宅花了几百万元或者几千万元，这部分钱付给别人就相当于回归社会了。

钱财放在那里不动，就没有任何用，你花掉了就是还给社会了，总之钱财是属于社会的不是你的。有人说我住的房子总是我的吧，其实它只是暂时是你的，百年之后就不是你的了；有人说我开的车子是我的，同样也是暂时是你的，等到报废那天就还给社会了。

二、与人己愈多[①]

《老子》第八十一章语："圣人不积，既以为人，己愈有；既以与人，己愈多。天之道，利而不害；圣人之道，为而不争。"

习近平总书记曾经引用过"既以为人，己愈有；既以与人，己愈多"这句话。2014 年 11 月 21 日，在对斐济进行国事访问之际，国家主席习近平在《斐济时报》和《斐济太阳报》发表了题为《永远做太平洋岛国人民的真诚朋友》的署名文章。文章中有这样一段话：

"我们要做合作共赢、共同发展的好伙伴。'既以为人，己愈有；既以与人，己愈多。'当前，为实现中华民族伟大复兴的中国梦，中国人民正在坚定不移全面深化改革、全面推进依法治国，脚踏实地推进经济社会发展。岛国人民也在努力振兴民族经济和推进区域合作。双方完全能够将彼此发展战略对接起来，优势互补，互利共赢。

① 给予别人，自己会得到更多。

“我们将继续在力所能及范围内为岛国提供支持和帮助，鼓励更多中国企业参与岛国投资合作，帮助岛国解决最现实最迫切的问题，高度重视应对气候变化的挑战，协助岛国把自身资源优势、环境优势、人力资源优势更好转化为发展优势，走共同繁荣之路。”

习近平总书记对“与人己愈多”理解得极为透彻，所以提出了“一带一路”的伟大倡议。我们在帮助其他国家的同时自己也可以受益，我们给别人的越多，自己得到的也越多。

三、散财是一种境界

（一）散财是德

《大学》明确指出：“君子先慎乎德。”君子必须先修炼自己的美德，因为拥有美德，才能凝聚民众；拥有民众，才能垦殖土地；拥有土地，才有可供使用的财富。“德者，本也；财者，末也。外本内末，争民施夺。是故财聚则民散，财散则民聚。”也就是说，道德是立国的根本，而财富只是枝末。因此，国君敛财，民众离散；国君散财，民众归心。

（二）散财是义

义，即义举，指仗义疏财，也就是用自己的财富帮助别人，乐善好施，以“给予”为乐。《老子》第十章曰：“生而不有，为而不恃，长而不宰，是谓玄德。”意思是说，圣人生养了万物而不据为己有，为万物尽了力而不恃其能，助万物成长而不宰割它们，这就是最高尚的品德。也就是说，对自己拥有的东西，不要放不下。禅宗所要参破的，正是“放不下”，“放得下”反而能够更好地拥有，即所谓“舍得”。《吕氏春秋》《说苑》等典籍，记述了子贡出巨资赎回鲁国奴隶的善举。子贡出资赎回在他国为奴的鲁国人，不向鲁国官府领取任何赎金，这为子贡赢得了“博施于民而能济众”的美名。梅兰芳在《舞台生活四十年》一书中说：“我能够有这一点成就，还是靠了先祖一生疏财仗义，忠厚待人。”

（三）散财是智

《黄石公三略》认为，“获城割之，获地裂之，获财散之”。治理国家、统领军队也遵循“财聚人散、财散人聚”的辩证法。该放弃的时候舍得放弃，实在是一种人生智慧。

《史记·越王勾践世家》记载了范蠡长子因惜财断送其弟性命的故事。范蠡二子在楚国杀人被捕将斩，他欲派幼子进财抵罪，但长子以死相逼坚持要去，范蠡之妻也从旁劝说。不得已，长子去见关键人物庄生。进千金，庄生受了，便在楚王面前称星象不利，需要大赦天下才能补救，于是大赦。但范蠡长子获知大赦天下的消息，认为二弟本该被释放，舍不得千金，找庄生要了回来。庄生怒，在楚王面前进言，说天下百姓认为，大赦是因为楚王受贿，要赦范蠡二子。楚王大怒，仍赦天下，独诛范蠡二子。范蠡长子惜财而不肯弃财，反而断送了其弟的性命，是为大不智。

（四）施恩不图报

施恩不图报，也是散财。《庄子·列御寇》说：“施于人而不忘，非天布也，商贾不齿。虽以事齿之，神者弗齿。”意思是说，施与别人恩惠却总忘不了让人回报，远不是广泛而无私的赐予。施恩图报的行为商人都瞧不起，即使有什么事情必须与这种人交往，内心也是瞧不起他的。

商人做买卖是为了获利，而那些施恩图报的人既要图利，还要装出施恩于人的样子，想名利双收。虽然从获利的角度来看，商人与那些施恩图报的人是一样的，但是在思想上则是完全不同的。也就是说，一个人做了好事，不应该念念不忘，更不应该希望别人回报。《菜根谭》说：“为善而急人知，善处即是恶根。”一个人做善事急着让世人知道，说明做善事是为了虚名，是一种伪善，存在祸害的根源。清人冯班曾说："为惠而望报，不如勿为，此结怨之道也。"总之，人际交往中，施恩图报是一个大忌讳；施恩不图报是一种散财的行为，是一种较高的思想境界，也是人类经济社会进步的重要标志。

四、散财的思想基础

（一）散财的哲学思想基础

商人的散财理念，根植于《周易》的圜道思想和古代道家思想。《周易》首次以明确的文字形式并结合卦象将圜道思想表述出来，《周易·说卦》中就有"乾为天，为圜"之说。爻辞的"无平不陂，无往不复"表达了万事万物都处于平陂往复的循环之中。《周易》认为，天地、日月、四时、昼夜、阴晴……无不在做着各自的循环运动，一切生物和人事都在循环运动中得以生化发展，直至走完自己的历程。

《楚辞·天问》也有"圜则九重，孰营度之"的问询。而《吕氏春秋·圜道》则从天道地道、日月星辰、云运水流、万物生杀、四肢九窍、音乐声律诸方面展开对"圜道"的论述。"何以说天道之圜也？精气一上一下，圜周复杂，无所稽留，故曰天道圜。""日夜一周，圜道也……物动则萌，萌而生，生而长，长而大，大而成，成乃衰，衰乃杀，杀乃藏，圜道也。"《白虎通义》中说："周而复始，穷则反本。"圜道观认为，无论是自然现象，还是社会人事，其萌生、成长、成熟和消亡，都在循环运动中进行。

圜道观作为一种内生驱动因素，渗透到物质文明和精神文明的各个方面，与中华文化相融合，成为影响久远的思维定式。凡是有中国传统文化的地方，就可以发现圜道观的踪迹。从生财（聚财）到用财（散财）再到生财（聚财）的过程，符合《易经》圜道思想。

《老子》第九章记载："功遂身退，天之道也。"也就是说，一个人功成名就之后，就不要再贪恋权位和金钱了，否则会有不虞之灾。

范蠡一生聚财无数，"范蠡三徙，成名于天下""三迁皆有荣名，名垂后世"。范蠡淡泊名利，得之而不喜，舍之而不惜，始终保持清醒的头脑。"功遂"而"身退"，既保全了性命，又发了大财。

（二）散财的行为经济学思想基础

商人散财，无论是直接捐赠还是创办基金会，从行为经济学角度分析，都符合经济人理性自利行为假设。亚当·斯密在《国富论》一书中假定，个体行为由人的利己心驱动。利己心，是新古典经济学人性假设的基础。但在《道德情操论》一书中，亚当·斯密却认为，个体也存在利他行为，他说："正是这种多同情别人和少同情自己的感情，正是这种抑制自私和乐善好施的感情，构成尽善尽美的人性；唯有这样才能使人与人之间的情感和激情协调一致，在这中间存在着人类的全部情理和礼貌。"可见，亚当·斯密认同人际交往关系过程中的利他行为偏好。

根据行为经济学理论，商人散财，通过捐赠和义举等方式舍弃一部分财富，其财富效用的总水平反而提高。明代赵振元在《为袁氏祭袁石寓宪副》中云："握发以升贤，（袁可立子）散财而结客。"郭沫若在《我的童年》首篇中说，"但我们祖父尽管是怎样的散财，不几年间在我们父亲手里公然又把家业恢复了起来"。商人散财，既收获社会美名，又增加财富总效用，一举两得，何乐而不为呢?

（三）散财的社会学思想基础

义利观思想，是社会学思想的主要内容。先秦儒家学说代表孔子、孟子、荀子一致认为，义利观思想的核心是"以义为上"。其中，义是道德追求，利即物质利益。他们承认义与利是对立统一体，但当义和利冲突时，应遵循“以义为上”准则，推崇“尚义”价值观。

商人的决策就是选择，选择就是权衡，权衡的依据就是价值观，尤其是义利观，而价值观的关键是价值思维模式。商人一定要从非此即彼的直线思维困境中走出来。直线思维，即要么对、要么错，要么干、要么不干，要么好、要么不好，没有中间道路。直线思维阻碍了事业的发展，需要转移到以下新的思维方式上来。一是发散性思维。不能从点到点，而应该像树一样，决策时充分考虑到利益相关者。二是生态化思维。生态化思维具有三个特质：多样性，此路不通走彼路；整体性，整体考虑，有彼就有此，有得就有失；开放性，人类和自然界共生共荣，各自都有存在的价值。三是中庸思维。中庸是中国文化的精髓，是一种和谐状态，也是一种智慧。任何生意都是谈判双方妥协的结果，任何企业的内外和谐，都要从倡导中庸开始。

商人应倡导“以义为上”的散财文化。要跟上时代的变化，企业必须重新学习，进行业务流程改造，实施管理流程变革；增强守法经营意识，倡导“以义为上”的散财文化，树立“尚义”价值观。

商人应当明白，过分的物质欲望是一种负担。丹尼尔·贝尔将欲望和需要分开来分析，他认为拥有一辆汽车和一套住宅是一种需要，而拥有90双皮鞋和300套夏装却是一种欲望。人的需要有限而欲望无穷，渺小的需要往往孵化出巨大的欲望。人的价值在于智慧，而不在于躯壳。托尔斯泰晚年急于散产，只是因为其躯体仅要求少量食物和衣裳。因此，满足生活需要后，散财成为人们升华生命、实现人生价值的最佳选择。比如，奥黛丽·赫本最引以为豪的，是捐助非洲贫困儿童；伊丽莎白·泰勒最值得骄傲的，是坐着轮椅出席慈善演出。

五、小结

“君不见，黄河之水天上来，奔流到海不复回。君不见，高堂明镜悲白发，朝如青丝暮成雪。人生得意须尽欢，莫使金樽空对月。天生我材必有用，千金散尽还复来。”我们倡导节俭，但是不能做守财奴，该散财时需散财，该聚财时就聚财。不浪费就是节俭，节俭不是不花钱。有很多人自己生活很俭朴，而做善事却大方得无人能比。

第九章
心中无商

被后世奉为“商祖”的白圭把自己的经商活动看成是“仁术”，他认为经商活动是利国利民的事情，是“仁术”，这种经商心态表明他已经达到了心中无商的境界。

心中无商是一种境界，其精髓在于从事商业活动时不一门心思地只想着为自己赚钱。简言之，做生意不是为了给自己赚钱，这就是心中无商。心中无商，那么心中有什么呢？心中有公益，心中有人民。心中有公益，做公益事业是一种以有余补不足的行为；心中有人民，是为人民服务，以为人民谋福祉为己任。做公益和为人民服务都是针对人们的物质生活，做公益是帮助那些急需帮助的人，或是满足人们的基本需求，很大程度上是在帮助穷人；为人民服务则层次更高，能让穷人和富人都过上好生活。心中无商从行为上来看是在满足人们的需求，这一点和商业一样，商业是以满足市场需求为目标的。只是公益事业、为人民服务不以盈利为目的，不过最终这些行为同样也可以聚集大量财富。

为什么说做公益、为人民服务是无商而商呢？主要是因为它们有相似的特点，商人也做公益，也为人民服务（如服务行业），只不过他们是为了赚取一定的利润。而做公益、为人民服务是不求回报地满足人们的需求。虽然做这些事的人没想去赚钱，但是仍然会获得大量的财富，这就是心中无商、无商而商的道理。

前面讲的似乎有点高深莫测，那么现在回到现实中来。心中无商理论也可以用来指导销售人员，以增进他们的信心。例如，当一名推销员多次遭到拒绝，失去做销售的信心时，不妨这样开导他：“你可以这样想，你不是在推销产品，不是在做生意，而是把合适的产品送给需要的人，你是在做好事，是在帮助别人。”这样想他就不会感觉低人一等，也不会感觉推销是在求别人买他的东西。一心想着卖产品赚别人的钱是普通商人的想法，当然，不可否认一心想赚钱也可以赚到钱，甚至有可能发大财。一门心思只赚钱的商人即使赚到了钱也只是物质上的获得，而坚持心中无商的理念则会把生意做得更好，从而获得精神物质双丰收。当然我这里说的“真正做到心中无商”，是一种修为和境界。

第一节　公益性非营利组织

公益从字面的意思来看，是为了公众的利益，它的实质应该说是社会财富的再次分配。公益活动的内容包括社区服务、环境保护、知识传播、社会援助等。公益事业即直接或间接地为经济活动、社会活动和居民生活服务的部门、企业及其设施。主要包括自来水生产供应系统、公共交通系统、电气热供应系统、卫生保健系统、文化教育系统、体育娱乐系统、邮电通信系统、园林绿化系统等。

从心中无商的角度理解，公益事业也是商业活动，白圭说他从事的商业活动是“仁术”，那么公益就是“仁道”，仁道即天之道，取有余以补不足。做公益是把商品和服务免费送给需要帮助的人，那么做公益靠的是什么？靠的是怜悯之心，当看到别人很痛苦时，自己也会有一种不舒服的感觉，进而产生怜悯之心。因为怀有怜悯之心，所以有人愿意做公益事业、资助弱者。

非营利组织是指在政府部门和以营利为目的的企业之外的一切志愿团体、社会组织或民间协会，是介于政府与营利性企业之间的“第三部门”。它的目标通常是支持或处理个人关心或者公众关注的议题或事件。非营利组织所涉及的领域非常广，包括艺术、慈善、教育、学术、环保等。它的运作并不是为了产生利益，这一点通常被视为这类组织的主要特性，同时还具有民间性、自治性、志愿性、非政治性、非宗教性等重要特征。公益性非营利组织是指在政府部门和以营利为目的的企业（即市场部门）之外的，以非营利为目的、从事公益事业的一切志愿团体、社会组织或民间协会。

公益性非营利组织有一项重要的职能，那就是社会财富的再分配。非营利组织先通过募捐、资助等方式把社会富余财富（可能是政府的，也可能是个人的）聚集起来，然后把这些财富再次分配给急需的人或用在公共事业上。说直白一些，是把有钱人的钱拿出来一点分配给贫穷的人或用在公用设施建设上。

一、聚财

公益性非营利组织也需要资金的支撑，但是非营利组织不能像商人那样贱买贵卖谋取差价获得利润，他们的经济来源主要是政府拨款、企业资助和个人捐款。另外，还有一种重要来源就是销售彩票，彩票实际上是一种赌博游戏，投注彩票也叫博彩。

（一）仁心

各类公益基金和慈善事业的捐款有相当一部分是来自有怜悯之心的人的捐助，大多数人还是有怜悯之心的。怜悯之心和行善积德心理致使有相当一部分人愿意拿出钱来捐给需要帮助的人。有句俗语“积善之家必有余庆”，出自《易传·文言传·坤文言》，原句是“积善之家，必有余庆；积不善之家，必有余殃”，指行善积德的家庭，必多吉庆；作恶坏德的，必多祸殃。这句话所阐述的是一种事物慢慢积累，最终量变引起质变的现象。同时也在警示人们，对一些微小的不良现象，应尽早看到、及早警惕并采取措施，而不能任其发展下去。

有句俗语："老天爷饿不死瞎家雀。"上天有好生之德，人皆有怜悯之心，怜悯之心和行善积德的心理是很多人愿意捐资助他人的主要原因之一。

（二）贪心

首先看一组数据，中商情报网讯 2018 年 12 月，全国共销售彩票 430.24 亿元，同比增加 33.43 亿元，增长 8.4%。其中，福利彩票机构销售 206.03 亿元，同比减少 0.46 亿元，下降 0.2%。2018 年 1—12 月，全国共销售彩票 5114.72 亿元，同比增加 848.03 亿元，增长 19.9%。其中，福利彩票机构销售 2245.56 亿元，同比增加 75.79 亿元，增长 3.5%。

由此可见，为什么会有这么多人买彩票呢？大家心知肚明，都是贪心在作怪。

二、财富再分配

公益事业是一个社会财富再分配的过程，由于个人的社会地位和能力的不同，各自的收入差异很大，有些人集聚了大量财富，而有些人则衣不蔽体、食不果腹。社会的第一次财富分配按照人道来分配，公益事业的财富再分配则是依据天道来分配的。"天之道，其犹张弓与？高者抑之，下者举之；有余者损之，不足者补之。天之道，损有余而补不足；人之道则不然，损不足以奉有余。孰能有余以奉天下？唯有道者。"在这个社会上，越是有钱的人赚钱越容易，而且有钱人会赚取没钱人的钱，就如马克思所说的资本家赚取了工人的剩余价值。越穷的人赚钱越辛苦，越贫穷的人越是少有人帮助，而那些位高权重、腰缠万贯的人不但遇事有多人帮助，而且有很多阿谀奉承他们的人。正所谓"富在深山有远亲，贫在闹市无人问”。那么谁愿意把余出来的财富奉献给社会、捐赠给贫穷之人呢？顺应天道的人，做公益事业的人。公益事业可以通过从富人那里募捐来一部分资金，把它再次分配给获取财富能力弱的群体或是那些失去劳动能力的人。

三、谁来做

谁来做公益事业？古人曰：“孰能有余以奉天下？唯有道者。”公益事业需要达到心中无商境界且心地善良的人来做，千万不能是居心叵测之人。世上总有一些披着羊皮的狼背地里为非作歹，如广西人王杰的所作所为。2006 年 3 月，王杰在广西百色市隆林县以个人名义创办百色助学网，以帮助当地贫困地区孩子上学为由，向社会各界筹集善款。截至 2015 年 8 月，百色助学网首页上的即时数字显示，共有 4597 名贫困学生受到资助，募捐善款累计总额达 700 多万元。而在与百色助学网的捐助来往中，山东志愿者秋楚偶然发现，王杰可能借公益之名，性侵了数十名女生，部分女生首次被侵犯时尚未成年。2015 年 8 月，王杰被人举报性侵女生、克扣善款，随后被广西警方逮捕。2016 年 10 月 13 日，广西壮族自治区百色市隆林各族自治县人民法院公开宣判王杰强奸、诈骗一案，以强奸罪判处其有期徒刑十五年，以诈骗罪判处其有期徒刑一年零六个月，数罪并罚决定执行有期徒刑十六年。

利欲熏心的人是不适合做公益事业的。创办百色助学网的王杰初衷也许真的是为了帮助当地贫困地区孩子上学，但当收到大量助学资金和看到很多漂亮的贫困的女学生之后，他丑陋的一面就暴露了，贪财好色的本性最终把他送进了监狱。

四、小结

只要有贫富差距，公益事业就将会有其发展的空间，因为这个社会还有很多弱势群体，所以需要有相当一部分的人来从事公益事业。我们在做公益的时候要秉持“施恩不图报”的原则。从长远来看，社会是公平的，真心做公益的人也会得到社会的认可，得到社会的回报，企业也是一样，经常做公益的企业知名度也会随之提高。

第二节　为人民服务

商业活动的本质是为人民服务，只不过在服务的过程中收取了一定的费用，心中有商的商人为人民服务的目的是赚钱，而心中无商的商人赚钱的目的是为人民服务。两者之间的差异在于一个是为了赚钱而为人民服务，另一个是为了服务人民而赚钱。

在现实生活中很多人认为，为人民服务是空喊口号，没人愿意去做。而事实上，世界上有很多人都是非常愿意为人民服务的。例如，我国的公务员是人民的公仆，是为人民服务的先锋，很多人都争着抢着想做人民的公仆，每年的公务员考试有很多人报考，有的热门岗位的报考人数竟达到了上千人。

一、民间组织

民间社团的产生源于人需要交往，尤其是需要有组织的交往的这种结社需求。民办非企业单位的产生源于人自我价值实现的需求，即社会上有一定专长的个人，希望通过非官方的渠道，在从事非营利性社会服务活动的过程中，体现或实现自身的价值或理想追求。从起源看，民间组织产生于人们的社交需求，商业产生于人们对物质的需求和交换的需要，二者的起源有相似之处，都是为了满足人们的需求，区别在于一个是精神层面的，另一个是物质层面的。

民间组织实际上就是合法的、非政府的、非党派的、非营利的、具有一定志愿性、实行自主管理、致力于解决各种社会问题和提供各种社会服务的社会组织。民间组织和公益性非营利组织都属于非营利性组织，公益性非营利组织强调的是公益性，民间组织强调的是民间性，二者有时候是交叉重合的，如做公益事业的民间组织。

有些民间组织是为某一部分人或者某个群体服务的，如同乡会、校友会、私营企业协会、行业协会、律师协会等。有些民间组织是为大众服务的，如国际红十字会、民间防艾组织、世界自然保护联盟、国际绿色和平组织等。

民间组织承担了部分为公众服务的义务，在提供服务的同时也会获得一定的社会支持，它的作用是维护包括自己在内的组织成员的利益，使利益最大化。

多数民间组织的经济来源是会员缴纳的会员费、捐赠收入、提供服务的收入、政府补助收入、销售产品收入（如销售书籍）、投资收益等。企业或个人加入民间组织或成立民间组织，除了可以服务公众或某个群体、维护组织成员公共利益外，还能获得一定的知名度和社会地位的提升。从现实经济利益角度出发，一个人或企业随着其社会地位和知名度的提升，其经济收入通常也会增加。

二、天下为公

我为人人，人人为我。帮助别人也是在帮助自己，人类社会是一个相互扶持的社会。从远古氏族部落到如今的国家，历史告诉我们社会需要“为人民服务”的精神，人们要相互帮助。别人的劳动果实能分享给我，我也能和其他人一起分享自己的成果，彼此间互惠互利、不可分开。有这样一个故事：有人和上帝讨论天堂和地狱的问题，上帝对他说：“来吧，我让你看看什么是地狱。”他们走进一个房间，一群人围着一大锅肉汤，但每个人都瘦骨如柴、一脸饿相。他们每个人手里都有一只可以够到锅里、用来舀汤喝的大勺子，但汤勺的柄比他们的手臂还长，自己没法把汤送进嘴里。有肉汤却喝不到肚子里，只能望“汤”兴叹，无可奈何。上帝又把这个人领到天堂。天堂里也有一锅肉汤，人们拿着一样的长柄汤勺，但大家都正在快乐地歌唱着幸福的歌。这个人不解地问：“为什么地狱的人喝不到肉汤，而天堂里的人能喝到?”上帝微笑着说：“很简单，在这儿，他们都会喂别人。”

人要生存下去，就要生产，要创造财富。采用不同的组织形式、不同的人际关系，生产财富的效率是完全不同的，所以就产生了社会分工和商品交换。大家通过价值交换，最终实现了利益共享。我们得考虑怎么才能人人都喝上肉汤，而不是每个人手里都拿着勺子，但谁也喝不上肉汤。也就是说，商品虽然有价值，如果不进入市场交换，最终也不能实现利益共享。天堂和地狱的人拿着同样的勺子，一部分人满面红光，幸福快乐；而另一部分人面黄肌瘦，愁眉苦脸。

商业的实质就是为人们提供服务和方便，从大的方面讲，有人从事农业生产，有人从事工业生产，从事农业生产的人需要工业品，从事工业生产的人当然也要吃饭，离不开农产品，而商业刚好起着把农民的农产品换成工人的工业品、把工人的工业品换成农民的粮食的桥梁作用。从小的方面讲，人各有所长，但总有一些事情是自己无法独立做到的，就像故事里地狱中的人无法用长长的汤勺喝汤一样。俗话说得好：“无论多么锋利的刀也无法削砍自己的把。”举个更通俗的例子，再高明的医生也不可能自己给自己做大手术，再比如我们大多数人不会自己给自己理发，所以需要理发师。

三、小结

商业是为人民服务的行业，大家都不应该忘记这个本源的东西。商人在经营的时候应当秉持为人民服务的原则，不要只想着赚钱。

后　记

在日新月异的新时代，知识不断更新，人们认知自然的能力越来越强，但不管人类如何进步，科技多么先进，大自然运行的规律并没有改变。人类的不断前行离不开前人的披荆斩棘，书籍是承载前人经验和知识的载体，无论网络如何发达、数字化多么普及，纸质书籍至今仍有其不可替代的作用。笔者不才，以“为往圣继绝学”为己任，历经三年编著此书，意在祛蔽启蒙。

在编著此书的过程中笔者深感自己知识匮乏，实在才疏学浅，在收集资料时，才知道山外青山楼外楼，强中更有强中手。本书摘录和引用了不少博学之士的相关论述，因为资料多为网络收集具体作者难以考证，所以未能一一列明著者出处，未注明者万望海涵，笔者在这里向大家致以衷心的谢意。另外，由于笔者知识和能力有限，书中纰漏在所难免，还请读者多多指正。